Emotionen

Susanne Konrad

Emotionen
Gefühle literarisch wirkungsvoll einsetzen

Mit zahlreichen Schreibanregungen

Autorenhaus

Bibliografische Information der Deutschen Bibliothek
Die Deutsche Bibliothek verzeichnet diese Publikation in der Deutschen
Nationalbibliografie; detaillierte bibliografische Daten sind im Internet
unter http://www.dnb.ddb.de abrufbar.

Umschlagbild: »Abriss 2«, Norbert Gerstenberger, München
Umschlaggestaltung: Sigrun Bönold

ISBN 978-3-86671-018-4

Originalausgabe
© 2007 Autorenhaus Verlag GmbH, Berlin

Umwelthinweis: Dieses Buch wurde auf
chlor- und säurefreiem Papier gedruckt.
Druck und Bindung: Ebner & Spiegel GmbH, Ulm
Printed in Germany

Inhalt

Einleitung

Wenn Sie einen Roman, eine Erzählung, ein Hörspiel oder ein Drehbuch schreiben, wünschen Sie sich nichts mehr, als den Leser, Hörer oder Zuschauer zu fesseln, damit er das Buch nicht zuklappt oder einfach abschaltet. Spannung kann durch verschiedene Mittel erzeugt werden, ein ganz wichtiges ist die starke emotionale Wirkung eines Textes – das Herzklopfen, mit dem wir das Schicksal des Protagonisten verfolgen, die Tränen, die uns rühren, oder tragische Wendungen, die uns bewegen. Wie man Emotionen beim Schreiben bewusst gestalten und wirkungsvoll einsetzen kann, darum geht es in diesem Buch. Denn Literatur zu schreiben, bedeutet auch, emotionalen Erfahrungen eine sprachliche Form zu geben.

Was sind *Gefühle*? Im Sprachgebrauch vermischt sich die Bedeutung der Wörter Emotion, Gefühl, Affekt, Empfindung, sie werden von verschiedenen Theoretikern unterschiedlich definiert.

Emotionen sind Gemütsbewegungen und seelische Erregungen. Sie beschreiben aktuelle Zustände, in denen ein Mensch sich befinden kann.

Empfindungen sind Sinneseindrücke und Körperempfindungen wie warm und kalt, hart und weich, Druck und Sog.

Nach Wilhelm Wundt (1832-1920) sind *Gefühle* entweder negativ oder positiv, Empfindungen jedoch nicht.

Ein *Affekt* ist ein Zustand starker emotionaler Erregung. In der Alltagssprache handelt es sich um eine kurze, heftige Emotion. In der Psychologie wird der Begriff Affekt aber auch im Gegensatz zur Kognition gebraucht und umfasst Emotion, Stimmung und Motivation.

Wenn wir hier von Gefühlen und Emotionen sprechen, meinen wir die gedankliche und sprachliche Umsetzung von Gemütszuständen, die wir als Freude, Trauer, Wut und Angst in zahlreichen Differenzierungen, Misch- und Unterformen wahrnehmen.

In der Literaturwissenschaft wird gefühlvolle Literatur oft mit kitschiger oder trivialer Literatur gleichgesetzt. Dabei wird aber vernachlässigt, dass es selbstverständlich auch bei der Formung, Darstellung und Vermittlung von Emotionen Qualitäts- und Niveauunterschiede gibt. Wie aber kann man emotionale Qualitäten erfassen? Für Goethe gab es einen spürbaren Zusammenhang von Gefühlen und Farben, andere sehen Analogien zur Melodie und zum Klang.

Sobald man versucht, diese Sphären zu beschreiben, zu erklären, zu analysieren und zu systematisieren, stößt man an Grenzen. Verschiedene Forscher aus Philosophie, Psychologie und Kulturwissenschaft haben versucht, die Emotionen zu kategorisieren, doch immer bleiben dabei Unklarheiten, die sich selbst durch philosophische Theorien nicht auflösen lassen. Das kann meiner Ansicht nach auch gar nicht gelingen, denn rationale und emotionale

Codes sind grundsätzlich verschieden. Um Emotionen zu erfassen, braucht man die Sensorik, der Körper ist einbezogen. Wahrnehmungen von Farbe, Temperatur oder Klang stehen in Wechselwirkung mit Form und Gestalt. Sie lassen sich durch Kunst ausdrücken, verarbeiten und produzieren, sind aber schlecht durch rationale Analysen erfassen. Die Formen, die durch die ästhetische Übertragung von emotionalen Erfahrungen entstehen, sind – um noch einmal Goethes Denken aufzugreifen – so allgemein und zugleich so individuell wie das Blatt eines Ginkgobaumes.

Spätestens seit Daniel Goleman seinen Bestseller über die emotionale Intelligenz geschrieben hat, wissen wir, dass Gefühlen ein Intellekt und eine Logik innewohnt und dass es Gemeinsamkeiten gibt, über die man sich verständigen kann. Aber dies steht immer noch im Widerspruch dazu, dass Gefühle subjektiv und individuell erfahren werden. Kaum jemand reagiert auf dasselbe Ereignis mit derselben emotionalen Intensität. Was den einen stark berührt, lässt den anderen kalt. Der eine geht zehnmal in denselben Film und weint immer an derselben Stelle, ein anderer weint gar nicht. Ein Roman ist für den einen Leser eine Offenbarung, für den anderen nichtssagend. Und doch ist Kommunikation über die wichtigsten Gefühle der Menschen möglich. Ein Film, der Angst macht, der rührt, der erheitert, welche Gefühle angesprochen werden, darüber kann man reden, auch wenn man Gefühle nicht vollständig kategorisieren kann.

Was bestimmt die Tonlage oder die Färbung eines Textes? Wie kommt die Stimmung hinein? Wie kann ich in meinen Texten Gefühle literarisch wirkungsvoll erzeugen? Welche Gefühle gibt es? Solche Fragen möchte dieses Buch beantworten und Ihnen anhand vieler Beispiele praktische Schreibanregungen geben.

1. Emotionen und Schreiben

Gefühle erkennen

Viele Menschen besuchen eine Schreibwerkstatt oder fangen zu Hause mit dem Schreiben an, weil sie Erlebnisse und Erfahrungen verarbeiten und sich über ihre Gefühle klar werden wollen. Dieser therapeutische Aspekt des Schreibens kann auch erfahrenen Autoren wichtig sein. Durch Erinnern, Erzählen und Sprechen sollen Gefühle hervorgerufen und bewusst gemacht werden, denn unterdrückte und verdrängte Gefühle können krank machen oder zerstörerisch wirken. Nicht selten ist Gewalt ein Resultat unterdrückter Gefühle. Erst Gefühle, die man sich bewusst gemacht hat, kann man verarbeiten und damit auch bewältigen. Schon das Tagebuchschreiben kann auf diesem Weg eine wichtige Hilfe sein. Aber das literarische Schreiben ist mehr als Therapie, denn dazu benötigt man Distanz zu seinen Gefühlen. Das Formen von Gefühlen im literarischen Text ist eine eigenständige ästhetische Leistung, die nicht mit den eigenen Gefühlen des Autors identisch zu sein braucht. Für schriftstellerische Professionalität ist eine solche Distanz Bedingung.

Viele Menschen müssen den Umgang mit ihren Gefühlen erst erlernen, denn oft erleben wir unsere Gefühle

als diffus, chaotisch und gestaltlos. Durch Schreiben gibt
man ihnen eine Form, sie sind dann weniger bedrohlich,
besonders bei Ängsten und depressiven Gefühlen. Die
Depression vermag alle anderen Gefühle zu unterdrücken, bis man nichts anderes mehr zu empfinden meint.
Gabriele Rico vergleicht die Depression mit einer »immer
tiefer führenden Spirale nach unten«. Über das Schreiben sagt sie: »Schon wenn ich den Stift aufs Papier setzte,
begannen sich meine erstarrten Gefühle zu lösen. Eine nie
gekannte Entspannung erfüllte mich. Letztendlich konnte
ich nur beim Schreiben die abwärts führende Spirale vergessen und entdecken, wo das *Ich* in seinem stillen Mittelpunkt ruhte. Und endlich begann sich die Spirale auf-
wärts in Richtung Heilung zu bewegen.«

Als Vorarbeit zum Schreiben empfiehlt sie das »Clustering«. Ein Cluster (Haufen) ist eine Skizze auf einem
großen Blatt Papier. Um ein Kernwort oder Kernereignis
sammelt man Assoziationen. Ohne länger darüber nach-
zudenken, schreibt man auf, was spontan in den Sinn
kommt. Denn das Spontane ist es meist, das den Emotionen am nächsten ist. Weil nicht lange reflektiert wird, arti-
kulieren sich die Gefühle, und zwar oft ganz unbewusst.
Auf dem Papier entsteht ein Gebilde aus unterschiedlichen Begriffen und Stichworten, in einer bestimmten,
nicht geplanten Form, die die Gewichtung der Gefühle
erahnen lässt. Man erkennt, welche Assoziationen besonders stark besetzt sind. An den dichtesten Stellen können
Sie vielleicht den Erzählstoff erkennen. Auch als erfahre-
ner Autor können Sie solche Techniken einsetzen, wenn
Sie nach einer Idee suchen oder eine Schreibblockade
haben.

Anregung

Spontan-Cluster

Schlagen Sie blind ein Lexikon auf und legen Sie den Finger auf ein Wort, das Sie als Kernwort für Ihr Cluster nehmen. Schreiben Sie Ihre ersten Assoziationen in die Nähe des Kernwortes. So geht es weiter: Um jede Assoziation wird ein Kreis gezogen und mit der nächsten Assoziation durch eine Linie verbunden. Jetzt betrachten Sie Ihr Cluster: An welcher Stelle häufen sich Ihre Stichwörter? Liegt darin eine Idee für einen Text?

Anregung

Sprachskizzen

Schreiben Sie in Form kleiner Gedichte oder Prosatexte etwas auf, das Sie bewegt – ohne den Text weiter zu formen oder zu gestalten. Oftmals entstehen dabei bemerkenswert dichte kleine Texte, die zeigen, was Ihnen wichtig ist.

Die ersten Formen der literarischen Verarbeitung von Gefühlen sind einzelne sprachliche Bilder oder sprachmelodische Sequenzen. Als Einstiegstexte eignen sich Entwürfe von Gedichten oder lyrischer Prosa, bei denen die einzelnen Elemente locker miteinander verknüpft sind. Solche Augenblickstexte führen Sie weg vom rein funktionalen, informativen Sprachgebrauch und nähern Sie den emotionalen Schwingungen Ihrer Worte und Formulierungen an.

Anregung

Augenblickstext

Beginnen Sie mit einem Augenblickstext zum Stichwort »Heute«. Wo bin ich gerade? Was fühle ich jetzt? Was habe ich hinter mir gelassen oder ausgeblendet, als ich mich an den Schreibtisch gesetzt habe?

Anregung

Bildskizzen

Sie können auch andere Übungen ausprobieren, um Ihre Gefühle zu erkennen. Es gibt viele Varianten des Impulsschreibens. Bildliche, gegenständliche oder musikalische Reize können Ihre Gefühle und die Schreiblust anregen. Stellen Sie eine kleine Skulptur oder ein Bild auf den Schreibtisch und assoziieren Sie, was Ihnen einfällt. Vielleicht erinnern Sie sich an ein Ereignis oder eine Personen, die Sie inspiriert?

Anregung

Musikskizzen

Hören Sie sich Melodien an, die in Ihrem Leben etwas bedeutet haben. Was empfinden Sie dabei? Können Sie dafür sprachliche Bilder finden? Versuchen Sie sich zur Musik eine Landschaft vorzustellen, den Ort, an dem Sie die Musik gehört haben. Er kann ein Bindeglied zwischen der Musik und den Menschen sein, an die Sie die Musik erinnert. Vielleicht weckt die Musik aber auch Gefühle, die von den Klängen selbst ausgehen. Denken Sie an ein wogendes Meer, das der Sturm aufgewühlt hat? Oder an eine stille Winterlandschaft? An eine Wiese am Waldrand, von deren Rändern Vogelgesang ertönt?

Anregung

Farbskizzen

Eine anderer Ausgangspunkt sind Farben. An welche Farben erinnern Sie die Töne, die Sie hören? Legen Sie Stifte oder Wasserfarbe und Papier bereit und malen Sie die Farben. Danach können Sie ein Gedicht über die Farben schreiben. Ihre Erinnerung an das Musikstück wird darin mitschwingen.

Sie wollen über ein bestimmtes Gefühl schreiben – und ein ganz anderes entsteht. Sie wollen über die Liebe schreiben, und es meldet sich eine Enttäuschung. Sie wollen über die Freude über den Frühling schreiben, und heraus kommt eine Winterdepression. Sie wollen Mitmenschlichkeit und Solidarität in den Mittelpunkt Ihres Textes stellen – und plötzlich kommt Ihnen alles spaßig vor. Sie beginnen mit einem ganz erhabenen Gefühl – und heraus kommt eine Persiflage. Und wenn Sie beginnen, einen Text zu überarbeiten, ist es plötzlich der Text, der die Gefühlslage bestimmt. Er gibt den Ton an, und Sie folgen, indem Sie versuchen, noch dichtere, noch treffendere Formulierungen zu finden. Ab jetzt sind Sie gebunden. Hier beginnt das professionelle Schreiben: Ihr Text ist ein eigenständiges Gegenüber geworden mit seiner eigenen emotionalen Sphäre. Sie stehen im Dialog mit ihm, er ist widerständig, Sie müssen ihm entsprechen – oder ihn verwerfen.

Erfahrungen verarbeiten

Traumatische Erlebnisse, die man im Alltag vielleicht wegschiebt, können beim Schreiben an die Oberfläche kommen. Wieder und wieder wird das Erlebte aufgeschrieben, bis es möglich wird, es mit Abstand zu sehen. Auch erfahrene Schriftsteller verarbeiten immer wieder eigene Gefühle, aber im Gegensatz zum Anfänger schreiben sie das Erlebte nicht eins zu eins nieder. Wenn ich Teilnehmer im Schreibseminar frage: »Warum passiert jetzt gerade *das* in deinem Text?«, lautet die Antwort oft: »Weil es so war.« Den Supermarkt um die Ecke gibt es wirklich, auch die drei Kinder, von denen das jüngste eine Lese-Rechtschreib-Schwäche hat, und den Hund. Seine Partnerin ist damals wirklich verunglückt. Jeder erlebt dramatische Situationen, aber das ist im literarischen Schreiben kein Grund, ein Ereignis so zu schildern, wie es geschehen ist. Der erfahrene Autor überlegt, welche Funktion ein Ereignis im Textganzen hat. Jede Aussage hat eine Aufgabe im Text. Der Hund kommt deshalb vor, weil er im Erzählgeschehen eine Rolle spielt, weil durch ihn über seinen Besitzer etwas ausgesagt wird oder vielleicht weil er etwas tut, das das weitere Geschehen beeinflusst.

So ist es auch mit den Gefühlen. Jedes Handlungselement, jeder sprachliche Ausdruck vermittelt auch Gefühle. Für den Leser ist es unerheblich, ob der Autor das wirklich erlebt hat oder nicht. Auch wenn er sich später vielleicht danach fragt, ob der Text autobiografisch ist.

Man sollte sich über die Gefühle im Klaren sein, die mit den Themen und Charakteren verbunden sind, über die man schreiben möchte – sowie darüber, welche Gefühle durch welche Motive, Handlungselemente oder sprachliche Mittel im Text vermittelt werden können.

Manche Autoren sagen: Persönliche Erfahrungen spielen für meine Arbeit gar keine Rolle. Ich gehe nur von der Beobachtung aus. Aber auch beim Beschreiben und Erzählen von beobachteten Personen und Ereignissen korrespondieren die in das Beobachtete hineingelegten Gefühle mit den eigenen. Andererseits haben Sie durch das Beobachten bereits eine literarische Distanz, denn Sie nähern sich einem Ereignis von außen. Schreiben Sie jedoch über etwas, das aus Ihrem Inneren kommt, müssen Sie diese Distanz erst herstellen.

Anregung

Vom Tagebuch zum literarischen Text
Überlegen Sie Szenen aus Ihrem Leben und beschreiben Sie sie am Geschehen orientiert. Was empfinden Sie beim Schreiben? Angst? Empörung? Wehmut? Ärger? Rührung? Lassen Sie Ihren Text andere lesen. Welche Gefühle erkennen diese Leser? Sind es dieselben, die Sie vermitteln wollten?

Anregung

Persönliche Erfahrungen
Notieren Sie auf einem Blatt Ereignisse, die besondere Bedeutung für Sie hatten, wie ein Schulwechsel, die Abschlussprüfung bei der Ausbildung oder die Hochzeit. Erzählen Sie autobiografisch in der Ich-Form, ohne das Ereignis vorher zu bewerten oder die damit verbundenen Gefühle zu deuten.

Ihre autobiografischen Texte können Sie immer feiner ausarbeiten. So gelangen Sie in mehreren Schritten vom spontanen Entwurf zur bewussten Textgestaltung. Die folgenden drei Übungen sollen das veranschaulichen.

Anregung

Der Wechsel der Zeiten

Wählen Sie ein Ereignis, das besonders prägend für Sie war. Nehmen Sie ein DIN-A4-Blatt längs und teilen es zweimal in der Mitte, so dass drei Spalten entstehen. Notieren Sie in die linke Spalte in Stichworten das Ereignis, in die mittlere Spalte ihre damaligen Gefühle und in die rechte Spalte die Empfindungen, die die Erinnerung heute bei Ihnen auslöst.

Beispiel: Das verabredete Kind

Ereignis	Gefühle damals	Gefühle heute
Kind ist mit Mutter vor dem Geschäft verabredet	Vorfreude auf die Mutter	Nüchternheit
Mutter kommt nicht	Angst	Enttäuschung, auch Erleichterung, dass die Situation vorbei ist
Kind beschließt, selbst mit der Straßenbahn zu fahren	Hoffnung, Eifer, Mut	Nachsicht gegenüber sich selbst, vielleicht Missbilligung
Kind fährt allein	Stolz, Selbstbewusstsein	Respekt vor dem Kind, vielleicht Missbilligung
Die Mutter ist durch die Einkaufsstraße geirrt und kommt schließlich angstvoll nach Hause. Sie schimpft mit dem Kind	Große Enttäuschung	Verständnis für die Mutter, vielleicht nachträglicher Groll gegen die Mutter, die die Verabredung nicht eingehalten hat ...

Sie können den Text in zwei Zeitebenen schreiben. Wo befindet sich dabei das Ich, das sich an dieses Ereignis erinnert? Vielleicht lebt die Mutter noch. Die Gefühlslage des erinnernden Ich könnte am Ende der Geschichte eine Aktion, ein bestimmtes Verhalten gegenüber der Mutter zur Folge haben. Sie haben die Möglichkeit, Ihre damaligen und die heutigen Gefühle im Rückblick gegenüberzustellen, vielleicht sogar gegeneinander auszuspielen.

Anregung

Spaltung des Ich in verschiedene Figuren

Das Kind in diesem Beispiel hat verschiedene Gefühle gleichzeitig gespürt: den Stolz und Abenteuergeist, allein in der Straßenbahn zu sitzen, aber auch die Angst, ohne die Mutter unterwegs zu sein. Schreiben Sie eine Erzählung für Kinder. Nehmen Sie die Gefühle Mut und Angst und erfinden Sie eine Geschichte von zwei achtjährigen Kindern, die sich allein auf den Weg machen, ihre Mutter wiederzufinden. Oder lassen Sie die beiden gar nicht an ihre Mutter denken, sondern einfach losziehen, um gemeinsam ein Abenteuer zu erleben. Verteilen Sie die Gefühle auf zwei Kinder: Das eine ist wagemutig und die treibende Kraft, das andere ist ängstlich und möchte nach Hause …

Anregung

Empathie

Lösen Sie sich ganz von dem autobiografischen Ereignis und überlegen Sie sich eine neue Personen und eine neue Situation, in der ähnliche Gefühle vorkommen. Entscheiden Sie sich für eine Akzentsetzung, in unserem Beispiel könnte es der Akzent »Kind« oder der Akzent »Verabredung« sein. Eine Frau, schon länger arbeitslos, reagiert auf ein lukratives Stellenangebot in einer Zeitung. Sie verabredet sich mit dem Inserenten an einem bestimmten Ort – aber niemand kommt. Sie beschließt, die Firma ausfindig zu machen – es handelt sich um eine Briefkastenfirma. In dieser Frau mischen sich nun auch Enttäuschung, Wagemut und Angst.

Sie haben damit eine völlig neue Geschichte erfunden, die von ähnlichen Gefühlen wie die des Kindes ausgeht. So können Sie ganz neue Figuren erschaffen, die authentisch wirken, weil die Gefühle glaubwürdig sind.

Die emotionale Intelligenz stärken

Rationale Intelligenz kann zum Beispiel mit IQ-Tests gemessen werden. Eine Zahlenkombination zu entschlüsseln, eine komplexe Terminologie zu behalten, mithilfe einer Karte einen Weg zu finden, einer philosophischen Theorie zu folgen, eine Maschine zu bedienen, das alles erfordert rationale Intelligenz.

Zur emotionalen Intelligenz gehört hingegen Empathie, um sich zum Beispiel in die Situation eines Trauernden einzufühlen oder um zu erkennen, warum ein Kind weint. Man braucht sie, um die Wirkung eines Gemäldes zu verstehen. Emotionale Intelligenz wird aber auch von einem Produktmanager erwartet, der die Bedürfnislage seiner Kunden einschätzt, wenn er ein neues Produkt entwickelt.

Ohne emotionale Intelligenz ist das Verständnis eines literarischen Textes nicht möglich, es sei denn, man beschränkt sich auf die Handlung, die sprachlichen Mittel und eventuell auf eine Analyse der Moral. Die emotionalen Botschaften eines Textes können sehr vielschichtig sein. Diese Schichten zu erfassen, erfordert hohe emotionale Intelligenz.

Für Daniel Goleman, der den Begriff geprägt hat, bedeutet emotionale Intelligenz vor allem die Fähigkeit, seinen Gefühlen nicht willenlos ausgeliefert zu sein, sondern sie steuern zu können. Goleman hat festgestellt, dass es keineswegs immer die Menschen mit dem höchsten Intelligenz-Quotienten sind, die im Leben die größten Erfolge haben. Für Goleman zählen zur emotionalen Intelligenz vor allem Selbstbeherrschung, Eifer und Beharrlichkeit und die Fähigkeit, sich selbst zu motivieren – Eigenschaften, die auch für das Schaffen von Literatur wichtig sind. Der Schriftsteller Roland Koch sagte in einem seiner Seminare: Zum Schreiben gehören Fantasie und Kontrolle. Fantasie – das ist das geöffnete Ventil, durch das Ideen und Emotionen aufs Papier strömen. Die Kontrolle aber ist die literarische Gestaltungskunst, solchen Eruptionen eine literarische Form zu geben. Es ist die Reflexion des Gefühlten und seine ästhetische Umsetzung. Es ist das Bemühen um Originalität, um sprachliche Angemessenheit und um die Formung des Textes.

Wenn Sie sich beim Schreiben mit Gefühlen auseinandersetzen, stärken Sie Ihre emotionalen Kompetenzen:
- Sie lernen, Ihre Gefühle besser zu erkennen, zu differenzieren und auszudrücken.

- Sie lernen, die Intensität Ihrer Emotionen auszuhalten und Ihre Affekte besser zu steuern.
- Sie gewinnen ein positives Verhältnis zu Ihrem Gefühlsleben.
- Sie gewinnen mehr Verständnis für die Gefühle anderer.

Ästhetische Empfindungen

Menschen, die gern lesen und schreiben, kann eine gelungene Formulierung glücklich machen. Der ästhetische Genuss, den die sorgfältig gewählten Worte hervorrufen, kann ebenso wichtig sein wie die Handlung.

Die Wissenschaft, die sich mit den Wesensgesetzen und Erscheinungsformen des Schönen befasst, ist die Ästhetik. In der griechischen Antike wurden als Voraussetzung für die Schönheitswirkung die Einheit in der Vielfalt und die Harmonie der das Ganze aufbauenden Teile genannt. Goethe sagte, dass ein Ganzes mehr sei als die Summe seiner Teile. Das Gefühl für die Schönheit einer Ganzheit in ihrer Gestalt ist also ein ästhetisches Gefühl. Welche Formen des »Schönen« gibt es? Man unterschied zwischen dem »Naturschönen« und dem »Kunstschönen«. Kategorien des »Tragischen«, des »Erhabenen«, des »Komischen«, des »Anmutigen« wurden aufgestellt, um das Schöne noch näher zu kategorisieren.

Der Philosoph Alexander Gottlieb Baumgarten (1714-1762) gilt als der Begründer der deutschen Ästhetik. Er

unterschied einen »äußeren Sinn«, der sich auf die Verfassung des Körpers bezieht, und einen inneren, der den
Zustand der Gefühle meint. Er stellte die Ästhetik als
eigenständige Wissenschaftsdisziplin neben die Logik als
Theorie des Denkens und die Ethik als Theorie des Wol-
lens. Platons Idee von der Dreiheit der »geistigen Wert-
ideen« (das Wahre, Schöne und Gute) stellte er die drei
»Seelenvermögen« Erkennen, Wollen und Fühlen gegenüber.

Ästhetisches Empfinden ist ein anderes Fühlen als dasje-
nige, das sich auf die persönlichen Gefühle und Erfahrungen bezieht, die beim Schreiben eine Rolle spielen. Was
aber ist ästhetisches Gefühl, wenn wir es mit zeitgemä-
ßen Worten auszudrücken versuchen? Jenny Wozilka
erklärt es so: »Gefühl in der ästhetischen Erfahrung stellt
sich durch die Berührung mit dem ästhetischen Konzept ein.« Man fühlt also die Machart eines Kunstwerks,
seine Gestalt, das Verhältnis seiner Komponenten zu seinem Gesamteindruck – denn all dies gehört zum »ästhetischen Konzept«. Ästhetische Gefühle kann man haben,
wenn man das ästhetische Konzept eines Werks *erfasst*,
aber auch, wenn man ein ästhetisches Konzept *entwirft*
– sei es die Gesamtkomposition eines Romans, sei es die
detaillierte Arbeit an einem kurzen Abschnitt. Die Berührung mit dem Kunstwerk ist sinnlich, und der Mensch
bekommt durch dieses Berühren Kontakt mit sich selbst.
Als Kunstschaffender wird man zum Spieler, indem man
gestalterisch die ästhetischen Gefühle manipuliert.

2. Schreibexperimente

Wörter sind selbstverständlich keine Emotionen, sondern die Repräsentationen von Emotionen. Die Ausdrucksmöglichkeiten, die wir für Gefühle zur Verfügung haben, prägen wiederum die »Raster«, in denen wir unsere verschiedenen Gefühle wahrnehmen und erkennen. Wissenschaftler bezeichnen dies als »Codierung« der Gefühle.

Kann man Gefühle kategorisieren?

Vier Primäremotionen, auf die sich alle übrigen Gefühle zurückführen lassen, unterscheidet der Soziologe Heinz-Günter Vester in seinem Buch *Emotion, Gesellschaft und Kultur*:

Angst/Furcht
Ärger/Wut/Zorn
Traurigkeit
Freude

Eine ähnliche Unterteilung finden wir bei Paul Ekman (*Gefühle lesen*): Er unterscheidet drei grundsätzlich verschiedene Gruppen negativer Empfindungen; bei den positiven Gefühlen rankt sich alles um Freude und Begeisterung.

Bei den positiven Emotionen nennt er Freude, Vergnügen, Fröhlichkeit und das sinnliche Genießen – durch die Berührung von jemandem, an dem uns liegt, durch Meeresrauschen, das Plätschern eines Bergbaches, zarte Winde in den Bäumen oder harmonische Klänge. Erregung, Erleichterung, staunende Ergriffenheit, Ekstase, Dankbarkeit sind positive Gefühle.

Als traurige Empfindungen nennt er: bestürzt, enttäuscht, niedergeschlagen, bedrückt, deprimiert, entmutigt, verzweifelt, leidend, hilflos, elend und besorgt sein.

Zur Wut gehören leichte bis schwere Empfindungen von Zorn, aber auch Empörung, Beleidigtsein, Gereiztheit oder Erbitterung.

Bei den Ängsten zählt Ekman auch die Überraschung auf. Sie dauert nie sehr lange und mündet immer in ein anderes Gefühl. Je nach Situation kann sich Überraschung in Angst, Vergnügen, Erleichterung, Zorn auflösen.

Ekel und Verachtung sind bei ihm eigenständige Kategorien.

Isabelle Filliozat zählt sechs Basisemotionen auf: Angst, Wut, Traurigkeit, Freude, Liebe, Abscheu. Sie ordnet ihnen folgende Empfindungen zu:

Mit Emotionen einhergehende Empfindungen

Angst
Beschleunigter Herzschlag; Temperaturrückgang der Haut; Kältegefühl; Haare, die »zu Berge stehen«; Gänsehaut; trockener Mund; Engegefühl im Magen; feuchte Hände; Blut in den Beinmuskeln; das Gesicht wird bleich.

Wut

Stark beschleunigter Herzschlag; starker Anstieg der Haut-
temperatur; Wärmegefühl, das Blut fließt in die Hände; der
Unterkiefer schiebt sich vor; Spannungsgefühl im ganzen
Kiefer; die Stirn runzelt sich; das Ausatmen dauert länger
als das Einatmen; die Fäuste ballen sich; man hat Lust zu
schlagen.

Liebe

Wärmegefühl in der Brust, das häufig bis zum Brennen
geht; Verlangsamung des Herzrhythmus; Entspannung
im ganzen Körper; warme Hände; leichte Rötung des
Gesichts.

Freude

Das Herz schlägt heftig, aber die Herzfrequenz verlangsamt
sich; entspannte Atmung; Wärmegefühl in der Brust.

Traurigkeit

Beschleunigter Herzschlag, aber nicht so stark wie bei der
Wut; sehr geringer Temperaturanstieg der Haut; Tonusaus-
fall; Gefühl der Beklemmung zwischen den Brüsten; Ver-
krampfung der Glieder; Weinen.

Abscheu und Ekel

Oberlippe an den Seiten geschürzt; die Nase wird gerümpft;
Übelkeit; unangenehmes Gefühl im Zwerchfell; Bedürfnis, sich zu übergeben; Verlangsamung des Herzschlags;
merklicher Temperaturrückgang der Haut.

Aus: Isabelle Filliozat: *Sei, wie du fühlst. Mit Emotionen besser leben.*
München: Deutscher Taschenbuch Verlag, 2004

Anregung

Schreiben Sie sechs kleine Charakterskizzen, in denen die Hauptfigur jeweils eins das von Isabelle Filliozat beschriebenen Gefühle hat. Benennen Sie das Gefühl nicht, sondern schaffen Sie eine Situation, in der der Charakter mit den entsprechenden Empfindungen reagiert.

Gefühl und literarischer Ausdruck

Durch Schreibexperimente können Sie den Zusammenhang von Gefühl und literarischem Ausdruck erleben. Die Schreibimpulse appellieren an den Erfahrungsbereich, wie Emotionen im Text zur Wirkung kommen. Die folgenden Anregungen eignen sich für die Schreibwerkstatt oder Schreibgruppe, aber man kann sie auch für sich alleine ausprobieren.

Anregung

Gefühls-Kritzeleien

Nehmen Sie einen Bleistift zur Hand und vier weiße DIN-A4- Blätter. Widmen Sie jedes Blatt einem der drei Grundgefühle Freude, Trauer und Wut. Versuchen Sie mit Linien und Punkten, aber ohne Worte, jedes Gefühl grafisch darzustellen. Machen Sie einfach Bewegungen mit Ihrem Stift, die Ihrer Meinung nach zu dem Gefühl passen. Schreiben Sie auf die Rückseite, welches Gefühl gemeint ist.

Diese Aufgabe ist besonders interessant, wenn man sie anschließend in einer Gruppe auswerten kann. Legen Sie alle Blätter auf dem Boden aus. Erkennen Sie Übereinstimmungen?

Sammeln Sie die Blätter auf und bilden Sie drei Stapel zu Freude, Trauer und Wut. Wie oft haben Sie richtig getroffen?

Das Experiment geht auf eine psychologische Studie von Silvia Jilg, Christoph Piesbergen und Wolfgang Tunner aus dem Jahr 1995 an der Universität München zurück. Die Fragestellung war: Gibt es repräsentative Ausdrucksformen von Gefühlen? Und werden diese von anderen Menschen erkannt?

An diesem Versuch haben 11 Schülerinnen und 10 Schüler einer Abiturklasse teilgenommen. Die Aufgabenstellung lautete: »Die einfachste Möglichkeit, Gefühle zeichnerisch zum Ausdruck zu bringen, stellt das Kritzeln dar. Beim Kritzeln zeichnen wir absichtslos, fast automatisch Linien, ohne dass wir dabei bestimmte Gegenstände darstellen wollen.« Die Teilnehmer sollten sich auf ein bestimmtes Gefühl konzentrieren und es durch Kritzeln zum Ausdruck bringen.

Das Ergebnis war verblüffend: Es herrschten große Übereinstimmungen.

WUT

Die Wutdarstellung geht vom Zentrum aus und erstreckt sich in alle Richtungen. Die Form ist groß angelegt und ihre Gestalt offen. Sie wirkt raumgreifend. Die Darstellungsart ist gemischt, linienhaft, gehackt und punktuell. Durch Bewegung und Gegenbewegung kommt keine einheitliche Hauptrichtung zustande. Die charakteristischen Merkmale in der Darstellung können als eckig und spitz, mit harten, unterbrochenen Formen, wirr durcheinander, mit vielen Ansätzen und vielfältig im Aufbau beschrieben werden. Die Druckstärke des Stiftes ist sehr stark.

TRAUER

Die Darstellung verläuft fast parallel zur unteren Blattkante, von links unten über die untere Mitte nach rechts unten mit kleinen Auf- und Abbewegungen und einer sich neigenden Tendenz. Sie ist mittelgroß angelegt und linienhaft durchgehend, in einem Zug mit Hauptrichtung von links nach rechts. Die Ausprägungen sind spitz bis bogig, manchmal fließend. Durch den einen Ansatz ist die Wirkung einfach; die Druckstärke ist gering.

FREUDE

Die Verteilung im Raum ist ganzflächig, die Formation groß, offen und raumgreifend. Die Darstellungsart ist linienhaft; die Hauptrichtung verläuft diagonal von links unten nach rechts oben. Die Charakteristika der Darstellung sind rund und bogig, die Linien weich und geschwungen. Der Stift setzt häufig neu an, die Formationen sind vielförmig, die Druckstärke wechselt.

In einem Schreibseminar haben wir das Experiment erprobt und versucht, Stichwörter für die Charakteristika der Kritzeleien zu finden. Die Assoziationen der Gruppe ergaben:

Wut

zackig, unordentlich, viele Stiche, Unruhe, chaotische Formen

Trauer
Kargheit, isolierte Formen, Leere, herabfallend wie Regen,
Monotonie, spiralig nach innen zentriert, manchmal ein
schwarzes Loch

Freude
leicht, locker, flockig, schwungvoll, hell, nach außen
schwingend, luftig, runde Formen, Wellen, Kugeln, Bla-
sen, Spritzer, Kringel, Strahlen, weich, sprudelnd, auf-
wärts strebend

Für das literarische Schreiben ist diese Übung besonders
interessant. Wenn nämlich Gefühle und ihr Erkennen
übereinstimmen, dann kann man dies in Texten bewusst
einsetzen. Es gibt verschiedene Ausdrucksformen, an
denen man Gefühle erkennt:

- Mimik
- Gestik
- Körpersprache
- Stimme
- Verhaltensweisen
- Handschrift

Auf solche Dinge können Sie achten, wenn Sie einen Charakter agieren lassen. Sie brauchen seine Gefühle nicht zu
benennen, sondern stellen sie durch typische Merkmale
dar. Auch die Atmosphäre im Text kann – im Gleichklang
oder auch unabhängig von der Handlung – unterschiedliche Gefühlsschwingungen beinhalten.

Anregung

Wiedergabe von Stimmungen

Können Sie Ihrem Text die *Stimmung* einer der drei Grundgefühle Freude, Trauer und Wut verleihen, ohne es direkt zu benennen und zu thematisieren? Schreiben Sie drei verschiedene kurze Texte unter der Überschrift »Ein Spaziergang«:

1. Leicht, schwungvoll und heiter
2. Monoton und schwerfällig
3. Chaotisch und aggressiv

Spüren Sie die unterschiedlichen Stimmungen der drei folgenden kurzen Texte?

1. Ohne Eile bewege ich mich durch die Straßen. Die Häuser ziehen rechts und links an mir vorbei. Der Wind schmeichelt mir durchs Haar und ich schwinge meine Arme in lockerer Bewegung.

2. Ich sehe nur Häuser, wenn ich durch die Straßen schreite. Meine Schritte sind langsam, mein Blick ist gesenkt. Dann und wann ein Auto.

3. Nur Regen, immer, diese Zäune, Zäune, Zäune. Schon hab ich mir die Füße wundgelaufen, Schweiß klebt unter meinen Armen. Und noch bin ich nicht da. Schritte, Schritte und noch lange nicht am Ziel!

Gefühlsbegriffe

Wenn Sie sich mit differenzierten Gefühlen beschäftigen, finden Sie Anregungen zu Themen, Figuren werden lebendig, Handlungen bekommen neue Wendungen, Dialoge entstehen fast von selbst.

Anregung
Differenzierte Begriffe
Zu den vier Grundgefühlen Freude, Trauer, Angst und Wut gibt es zahlreiche Differenzierungen. Schreiben Sie die vier Grundgefühle Freude-Trauer-Angst-Wut in die Ecken eines großen Blattes und assoziieren Sie weitere Begriffe für diese Gefühle. Begeisterung ist zum Beispiel eine spezielle Form von Freude, Depression gehört zur Trauer, Trotz ist eine Form der Wut, und Panik ist eine Form von Angst. Wie viele Begriffe fallen Ihnen ein?

Das Centrum für Integrative Psychotherapie (CIP) in München hat eine Liste angelegt. Sie enthält zahlreiche Begriffe, die sich den vier Grundgefühlen zuordnen lassen.

Freude
Freude | Begeisterung | Glück | Übermut | Leidenschaft | Lust | Zufriedenheit | Stolz | Selbstvertrauen | Gelassenheit | Überlegenheit | Dankbarkeit | Vertrauen | Zuneigung | Liebe | Rührung

Trauer
Traurigkeit | Verzweiflung | Sehnsucht | Einsamkeit | Leeregefühl | Langeweile | Enttäuschung | Beleidigtsein | Mitgefühl

Angst

Angst, Furcht | Anspannung, Nervosität | Verlegenheit | Selbstunsicherheit | Unterlegenheit | Scham | Schuldgefühl | Reue | Sorge | Ekel | Schreck

Wut / Ärger

Ärger, Wut, Zorn | Missmut | Ungeduld | Widerwille, Trotz | Abneigung | Hass | Verachtung | Misstrauen | Neid | Eifersucht

Anregung

1. Schreiben Sie spontan zu jedem dieser Gefühle eine mögliche passende Situation oder ein konkretes Ereignis. Nehmen Sie sich Zeit, den Garten der Gefühlsfacetten zu durchwandern. Welche der Situationen, die Ihnen eingefallen sind, eignen sich als Ausgangspunkt für einen Text?

2. Wählen Sie jeweils ein positives und ein negatives Gefühl und schreiben es in die linke obere beziehungsweise rechte untere Ecke eines Blattes. Sammeln Sie dazu Assoziationen. Schreiben Sie einen kurzen Text, in dem diese beiden Gefühle nacheinander vorkommen.

Die Farben der Gefühle

Goethe beobachtete, wie Farben die Gefühle bestimmen können: »Die Menschen empfinden im Allgemeinen eine große Freude an der Farbe. […] Die Erfahrung lehrt uns, dass die einzelnen Farben besondere Gemütsstimmungen geben. Von einem geistreichen Franzosen wird erzählt: Er behaupte, dass sein Konversationston mit Madame sich verändert hätte, seitdem sie die Möbel ihres Zimmers, die blau waren, ins Karminrote verändert hätte. […] Die Farben von der Plusseite sind Gelb, Rotgelb (Orange), Gelbrot (Mennig, Zinnober). Sie stimmen regsam, lebhaft, strebend. […] Die Farben von der Minusseite sind Blau, Rotblau und Blaurot. Sie stimmen zu einer unruhigen, weichen und sehnenden Empfindung. […] Das Blaue gibt uns ein Gefühl von Kälte, sowie es uns auch an Schatten erinnert. […] Zimmer, die blau austapeziert sind, erscheinen gewissermaßen weit, aber eigentlich leer und kalt. Blaues Glas zeigt die Gegenstände in traurigem Licht.« Dies schrieb Goethe in seiner *Farbenlehre*.

Eine moderne Farbstudie für das Wohnen (Farbenkreis, Obermüller Farbengroßmarkt) trifft folgende Unterscheidungen:

- Gelb-Farben: strahlend befreiend, beleuchtend, extrovertiert erleichternd, kommunikativ
- Orange-Farben: belebend, anregend, stoffwechselfördernd, antidepressiv, bejahend, motorisch, festlich, freudig

- Rot-Farben: vital, aktiv, erweiternd, entstauend, stark anregend, beschleunigend, durchblutungsfördernd, beunruhigend, anziehend, kräftig, laut
- Violett-Farben: vertiefend dämpfend, entspannend, geheimnisvoll, unstet, hypnotisch, mystisch, deprimierend, introvertiert
- Blau-Farben: weit, ruhig, sedierend, vergeistigend, konzentrierend, durchblutungshemmend, zusammenziehend, leise
- Grün-Farben: passiv, vermittelnd, ausgleichend, besänftigend, regenerierend, kräftesammelnd, bewahrend, hoffend
- Ocker- und Braunfarben: stabilisierend, erdhaft, gebunden
- Unbunt-Farben (Schwarz, Grau, Weiß): die Lebenskräfte einschränkend, formalisierend

Die Zuordnungen von Farben und Gefühlen variieren selbstverständlich von Mensch zu Mensch. In »Rote Korallen« aus dem Erzählband *Sommerhaus, später* zeigt Judith Hermann, wie man Farbsymbolik in der Literatur wirkungsvoll einsetzen kann. Ricarda Dreier analysiert: »Besonders stark ist die Farb- und Wassersymbolik; die Beschreibung des Geliebten mit den ›fischgrauen Augen und fischgrauen Haut‹ und das ›wässerige Licht‹, das ›grün durch die Bäume vor dem Fenster‹ fällt, bilden einen deutlichen Kontrast zum Korallenarmband, das ›rot wie die Wut leuchtete‹. Während das rote Armband Emanzipation, Befreiung, wütende Provokation, aber auch Sinnlichkeit und Liebe verkörpert, erscheinen die Farben, mit denen der Geliebte bezeichnet wird, wesentlich trostloser.«

Anregung

Farbassoziationen
Malen Sie mit Buntstiften große Punkte in den Farben
Gelb, Orange, Rot, Violett, Blau, Grün, Grau, Schwarz,
Weiß untereinander auf ein Blatt Papier und notieren Sie
dahinter die Gefühle, die Ihnen zu den einzelnen Farben
einfallen.

Anregung

Wanderung durch verschiedene Farben
Stellen Sie sich nacheinander mehrere Farben vor. Welche
Landschaften, Kleider, Einrichtungen, Menschen erschei-
nen vor Ihrem inneren Auge? Schreiben Sie einen Text zu:
»Wanderung durch verschiedene Farben.«

Gefühle im lyrischen Text

Gedichte sprechen meist unmittelbar das Gefühl an. Thomas Wieke erklärt in seinem Handbuch *Gedichte schreiben* die vertikale Tendenz des lyrischen Textes: Zwischen
Anfang und Ende besteht eine besonders enge Verbindung. Man liest ein Gedicht nicht in »epischer Breite«,
sondern in Längsrichtung. Ein Gedicht ist zentriert, und
jede Formulierung ist auf einen Mittelpunkt konzentriert.
Diese dichte Form legt bereits nahe, dass Emotionen im
lyrischen Text besonders gedrängt und intensiv dargestellt
werden können. So wurde Lyrik auch lange Zeit als »die
subjektivste der drei Naturformen (Gattungen) der Dichtung« bezeichnet, als »sprachliche Gestaltung seelischer
Vorgänge im Dichter, die durch erlebnishafte Weltbegeg-

nung (Erlebnis) entstehen, in der Sprachwerdung aus dem Einzelfall ins Allgemeingültige, Symbolische erhoben werden und sich dem Aufnehmenden durch einfühlendes Mitschwingen erschließen.«

Es ist bekannt, dass man das »lyrische Ich« nicht mit dem Verfasser des Gedichtes gleichsetzen kann. Auch sind Gedichte keine unmittelbaren Gefühlsäußerungen, sondern komplexe sprachliche Gebilde. Viele moderne Gedichte haben *nicht* zum Ziel, besonders emotional zu sein, sondern es geht um ästhetische Genauigkeit im Umgang mit Bildern und syntaktischen Gefügen. Dennoch sind es gerade die besonderen Merkmale der Lyrik, die sie dafür geeignet machen, Emotionen konzentriert darzustellen. Die Literaturwissenschaftlerin Simone Winko unterscheidet verschiedene Präsentationsebenen von Gefühlen und Stimmungen in der Lyrik:

- Phonetische und lautliche Präsentation durch Buchstaben und Klang; zum Beispiel können helle und dunkle Vokale verschiedene Stimmungen mitschwingen lassen.
- Rhythmisch-metrische Präsentation; ein knappes oder gedehntes, ein leichtes oder behäbiges Versmaß, kurze oder lange Zeilen schaffen eine entsprechende Atmosphäre.
- Grammatisch-syntaktische Präsentation; zum Beispiel verstärken Ausrufe den emotionalen Appell.
- Lexikalische Präsentation; es werden Begriffe gebraucht, die selbst keine Emotionen darstellen, aber Gefühle hervorrufen wie »Tod« oder »Heimat«.

- Bildliche Präsentation; Vergleiche und Metaphern verweisen häufig direkt auf Gefühle, wie eine rote Rose im westlichen Kulturraum »Liebe«, schwarze Kleidung »Trauer«, eine aufblühende Blume »Freude« bedeuten.
- Rhetorische Präsentation; durch Wiederholungen, Auslassungen und Steigerungen lassen sich Emotionen verstärken.
- Narrative Präsentation durch die Beschreibung und Darstellung von Gefühlen.

Anregung

Schreiben Sie verschiedene Gefühle auf Zettel auf, zum Beispiel Wut, Angst, Freude, Abneigung, Zorn, Verliebtsein, Sympathie, Scham, Leidenschaft, Traurigkeit, Eifersucht, usw. Legen Sie die Zettel verdeckt hin, dann ziehen Sie einen davon.

Suchen Sie für dieses Gefühl
- eine Farbe
- einen Geschmack
- einen Geruch
- ein Aussehen, eine Form
- einen Ton, einen Klang
- eine Erlebnisqualität

Formen Sie daraus ein Gedicht! Ziehen Sie dann einen weiteren Begriff und schreiben Sie nach demselben Muster! Sie werden erkennen, dass die Bilder und Vergleiche, aber auch die Länge der Sätze und die Wortwahl durch den Gefühlsbegriff bestimmt werden.

Gefühle im literarischen Text

Beim Lesen bringt man sein Vorwissen, seine emotionalen Muster ein, die man auf den Text wie eine Schablone
auflegt, um ihn zu verstehen. Dasselbe gilt auch für das
Schreiben: »Autoren und zumindest zeitgenössische Leser
teilen ein Wissen darüber, wie Emotionen verlaufen, in
welchen Situationen sie entstehen und wie sie angemessen
auszudrücken sind, und über dieses gemeinsame Wissen
funktioniert das Kodieren wie das Dekodieren«, schreibt
Simone Winko in ihrer Studie »Kodierte Gefühle«. Sie
beschäftigt sich mit den emotionalen Schemata, die im
Text selbst enthalten sind. Danach gibt es grundlegende
emotionale Handlungen oder Situationen, die erzähle-
risch gestaltet werden. Die Handlung wird mit bestimmten Gefühlen assoziiert und weckt das Gefühl, ohne dass
es direkt beschrieben werden müsste. Schreibt man über
einen Vogel, der aus der Hand Körner pickt, löst das bei
uns ein Gefühl der Rührung aus. Wird eine Kirche als
Schauplatz gewählt, entsteht ein Gefühl der Nachdenk-
lichkeit und inneren Einkehr. Simone Winko beschreibt
die Vielfalt emotionsbesetzter Stoffe so: »Solche typi-
sierten Handlungen umfassen ein weites Spektrum, das
von der Selbst-Opferung, dem Kampf und verschiedenen
Arten der Suche über die Heimkehr, das Verlassen von
Personen oder Orten bis zum tröstenden Nehmen einer
Hand und dem Kuss reicht. Auch der Situationsbegriff ist
weit zu fassen: Es können Ereignisse, Beziehungen und
Räume, manchmal sogar Gegenstände sein, die kulturell
und als Bestandteile der fiktiven Welt emotional kodiert
sind und die auf eine prototypische Situation verweisen.
Zu den Ereignissen gehören existentielle wie Geburt und

Tod, oft das Finden oder Verlieren eines Partners, aber auch Naturereignisse wie der Einbruch des Frühlings, ein Gewitter oder ein Sonnenuntergang; zu den Beziehungen zählen zwischenmenschliche Konstellationen wie Freundschaft oder Feindschaft, Relationen zwischen Menschen und anderen Lebewesen sowie zwischen Menschen und Gegenständen, etwa emotional bestimmte Besitzverhältnisse. Die Räume, die mit Emotionen verbunden sind, können Kulturräume sein, etwa die graue, trostlose Stadt, die lebendige Stadt, das Grab, das Zuhause, oder auch Naturräume darstellen wie der Wald, in dem der Mensch einsam ist, das fröhliche Bächlein, die unheimliche Heide, der erhabene Strom, die schwarze Flut des Meeres. Zu den Gegenständen im weiten Sinne, die auf prototypisch emotionale Situationen verweisen, zählen symbolische Objekte wie der Ring, der auf die Verbindung zweier Liebender hinweist, sowie Objekte oder Kulturprodukte, die zu den Requisiten emotional markanter Situationen gehören, etwa der Sarg, der Wanderstab oder das Reiselied.«

A n r e g u n g

Symbolik
Überlegen Sie, welche Gegenstände und Schauplätze in Ihrem gegenwärtigen Schreibprojekt eine besondere Rolle spielen und welche Gefühle sich mit ihnen verbinden. Wählen Sie einen Gegenstand als Leitmotiv für einen Text. Dann einen Schauplatz.

Die emotionale Struktur eines Textes kann sowohl bewusst als auch unbewusst entstehen. In der bewussten Gestaltung stellt sich der Autor Fragen wie:

- Welche Emotionen möchte ich thematisieren?
- Welchen emotionalen Gebilden möchte ich literarisch Gestalt geben?
- Ist meine Geschichte nicht ein Vehikel für ein wichtiges emotionales Thema, dem ich Ausdruck verleihen möchte?
- Und wie finde ich den passenden sprachlichen Ausdruck für diese Emotionen?

3. Die emotionale Dramaturgie

An welche Personen darf sich erotische Liebe richten? Gibt es Standesgrenzen? Ist Homosexualität erlaubt? Ist Krieg als Mittel, um Machtziele zu verfolgen, akzeptabel? Ist es unmännlich, wenn Männer weinen? Je nach Epoche oder Kulturkreis würden diese Fragen verschieden beantwortet. Paul Ekman vermutet aber, dass die Grundgefühle der Menschen weltweit analog und konstant sind. Er stützt sich dabei auf ethnologische Studien, die er Ende der sechziger Jahre auf Papua-Neuguinea durchgeführt hat. Das Volk der Fore war damals noch nicht mit westlicher Kultur in Verbindung gekommen. Dennoch erkannte er bei den Fore dieselben mimischen Ausdrucksweisen für bestimmte Gefühle wie bei Menschen in anderen Teilen der Welt. Jedoch stellt er fest, dass es kultur- und zeitabhängig ist, wie Gefühle gezeigt werden, welche Bezeichnungen es für Gefühle gibt, wie sie bewertet und geordnet werden und welche Ausdrucksformen sie in Kunst und gesellschaftlichem Ritual erhalten.

Nicht jede Sprache hat für alle Empfindungen die gleichen Wörter. Im Jiddischen kennt man einen Begriff für den Stolz, den Eltern auf ihre Kinder haben (*nacheß*). Dafür gibt es im Deutschen kein Wort, man kann es nur beschreiben. Ähnlich steht es mit dem Stolz auf die eigene Leistung, den man empfindet, wenn man etwas vollbracht hat – ganz unabhängig vom Lob und der Anerkennung durch andere. Hierfür kennt das Italienische einen Begriff (*fiero*). An solchen Unterschieden in der Begrifflichkeit verschiedener Sprachen wird deutlich, dass für Gefühle ganz unterschiedliche »Raster« zur Verfügung stehen, in denen wir sie wahrnehmen und erkennen. Dies bezeichnen Soziologen, Psychologen und Sprachwissenschaftler als »Codierung« der Gefühle. Den Wandel dieser Raster zeigt besonders die Literatur.

Wandel der Emotionen in der Literatur

Ein Beispiel dafür, wie sich der Ausdruck von Gefühlen im Laufe der Geschichte verändert hat, ist der *Eros*. Heute verstehen wir unter Eros eine sexuell-faszinierende Anziehungskraft. Der »Eros« der Griechen vor Platon und Demokrit war ein »unspezifischer, dunkler Zuwendungsdrang«, demgegenüber »Phobos« als »panischer Abwehrdrang« fühlbar war. Aphrodite personifizierte als »goldener schimmernder Glanz« die Faszination des erotischen Begehrens. Für die Lebensgemeinschaft zwischen Mann und Frau stand *Philia*. Sie zeichnete sich durch starken Zusammenhalt, aber nur einen geringen verführerischen Reiz aus. Die Griechen vor Platon hatten somit unterschiedliche emotionale Aspekte von Beziehung in verschiedene Kategorien gefasst: Eros, Aphrodite, Philia. Die Literatur des 19. Jahrhunderts unterschied zwischen platonischer Freundschaft, leidenschaftlichem Begehren und ehelicher Ordnung – und ließ diese Prinzipien gern in dramatischer Weise miteinander kollidieren. Heute trifft man

in der Literatur die langjährige Beziehung, die sich inner-
lich ausgehöhlt hat, die einseitige Liebe, die erste Liebe
und die späte Liebe, und die Reduktion auf die sexuelle
Beziehung (zum Beispiel »One-Night-Stand«) an.

Im europäischen Mittelalter fanden Gefühle und ihre
Versinnbildlichung Gestalt in den Figuren des christli-
chen Glaubens. Gefühle wie Angst, Verzweiflung, Bedrohung und Reue wurden durch die Hölle verkörpert, Liebe,
Sehnsucht und Zufriedenheit wurden in den Himmel
projiziert. Dadurch wurde auch stark polarisiert. Auf Bildern findet sich immer wieder die Vertikale von oben und
unten, Himmel und Hölle, gut und schlecht.

Als Zeitalter, in dem vorgespielte Gefühle zur Konversa-
tion gehörten, gilt die Barockzeit. Gefühle waren da, aber
man pflegte einen kalkulierenden, berechnenden, strate-
gischen Umgang mit ihnen. Es gehörte zur Politik, sich
gegenseitig zu taxieren und hinter den zur Schau gestellten Gefühlen die wahren Motive zu erraten. Eine große
Bedeutung hatten theatralische Inszenierung und Körpersprache.

Mit zunehmender Aufklärung wurde eine hohe Rationa-
lität gefordert. Schon zu Beginn des 19. Jahrhunderts war
die bürgerliche Gefühlskultur, wie wir sie heute kennen,
weit entwickelt. 1806 hat Johann Wolfgang Goethe seinen Roman *Die Wahlverwandtschaften* veröffentlicht,
der ein sehr modern anmutendes Beispiel bürgerlicher
Gefühlskultur liefert: Ein Paar, Ende dreißig, findet nach
langer Freundschaft und wechselnden Lebensgeschichten
zusammen. Aber das erhoffte Liebesgefühl verwirklicht

sich nicht wie gewünscht. Er verliebt sich in seine jüngere Nichte; sie sucht Anschluss bei seinem besten Freund.

Im Verlauf des 19. Jahrhunderts wurden Gefühle immer weiter zurückgedrängt. Disziplin und Moral waren vorherrschende Werte der bürgerlichen Gesellschaft. Demgegenüber standen die Gedanken und auch die Leiden des vereinzelten, als Individuum wahrgenommenen Menschen. Der Konflikt wurde als Widerstreit von »Vernunft« und »Gemüt« erlebt. Anschaulich beschreibt zum Beispiel Theodor Fontane in seinen Gesellschaftsromanen wie Selbstkontrolle, Triebkontrolle und Affektkontrolle zur inneren Verhärmung und Vereinsamung des Menschen führen können. Das literarische Motiv des Konfliktes zwischen den Anforderungen der Gesellschaftsordnung und den persönlichen Neigungen, die zurückstehen müssen, ist im 19. Jahrhundert verbreitet. Themen wie Verzicht und Entsagung, aber auch Erhabenheit und Würde sind häufig.

Immer wieder gab es Phasen des propagandistischen Missbrauchs von Gefühlen. Menschenmassen wurden manipuliert, Minderheiten auszustoßen, zu verfolgen bis hin zum organisierten Massenmord. Es wurde an Gefühle appelliert, die bei vielen unverarbeitet waren, wie zum Beispiel der Umgang mit Nationalstolz und militärischen Traditionen nach dem verlorenen Ersten Weltkrieg. Manche literarischen Erzeugnisse, die in den dreißiger und vierziger Jahren die Zensur passierten, erscheinen uns heute unerträglich. Zu deutlich treten Hetze und Manipulation hervor. An Gefühle wird plump appelliert und sie werden an zweifelhafte Werte geknüpft.

Auch im Sozialistischen Realismus wurden Gefühle dik-
tiert. Sie sollten mit der Arbeiterideologie und dem sozialistischen Staat unmittelbar verbunden werden.

Manches spricht dafür, dass die Gefühle selbst sich nicht so
stark gewandelt haben wie ihre Bewertung und ihre Deutung. Es entsteht ein Dreieck aus empfundenen Gefühlen,
ihrer Erkenntnis und ihrer Bewertung. Die Bewertung
aber hat einen großen Einfluss darauf, in welchem Licht
Gefühle erscheinen und in welchem Zusammenhang sie
wahrgenommen werden. Hier hat man beim literarischen
Schreiben große Gestaltungsmöglichkeiten: Wie eine
Geschichte ausgeht, welche Situation oder welches Verhalten in welchem Licht erscheint, welchen Stellenwert
ein bestimmtes Motiv bekommt, darüber entscheidet der
Autor – und der Leser.

Anregung

Zeitreisen
Stellen Sie sich folgende Situation vor: Ein junger Mensch
will sein Elternhaus verlassen und eigene Wege gehen.
Aber die Eltern missbilligen seine Entscheidung und wollen ihn nicht ziehen lassen.

Schreiben Sie über diese Situation in verschiedenen
Epochen: in der Steinzeit, im Mittelalter, im 19. Jahrhun-
dert. Schreiben Sie kurze erzählerische Skizzen über die
Auseinandersetzungen zwischen den Eltern und dem
Heranwachsenden. Welche Verhaltensweisen der Figuren
lassen Sie über die Epochen hinweg »konstant« bleiben?
Wo werden Unterschiede sichtbar?

Angemessener Gefühlsausdruck

Das »Zeitalter der Empfindsamkeit« im 18. Jahrhundert
gilt als besonders gefühlsbetonte Epoche. Neben dem
Theater gewann der Roman an Bedeutung. Im Roman
wurden die Figuren und ihre Gefühle ausgiebig beschrieben, der Leser konnte mit ihnen leiden und sich mit ihnen
identifizieren. Starke Emphase in der Äußerung bis hin
zur Sentimentalität waren üblich. Der Begriff der »Sympathie« wurde geradewegs zu einem Modewort, und man
hatte sich stets zu versichern, wie »sympathisch« man
einander war. So klingt ein Absatz aus einem empfindsamen Roman:

»Der Baron drückte ihn an seine Brust; ›Ich weiß‹, sagte
er, ›dass Sie in allem wahrhaft sind, ich zweifle also nicht
an den Versicherungen Ihrer alten Freundschaft. Aber
warum kommen Sie so selten zu mir? Warum eilen Sie so
kalt wieder aus meinem Hause?‹ ›Kalt, mein Freund! Kalt
eile ich aus Ihrem Hause? O! Wenn Sie das brennende
Verlangen kennten, das mich zu Ihnen führt; das mich
stundenlang an meinem Fenster hält, wo ich das geliebte
Haus sehe, in welchem alle mein Wünschen, all mein Vergnügen wohnt!‹ «
Der emphatische Ausruf »O!«, die Erwähnung von Kälte,
die direkte Versicherung der Freundschaft und ausdrucks-
starke Wendungen wie »brennendes Verlangen« zeigen,
dass Gefühle betont wurden. Das heißt nicht, dass Gefühle
früher tiefer und stärker waren als heute, man äußerte sie
deutlich, manchmal überdeutlich.

Die Entwicklung des modernen Menschen ist durch das Streben nach Souveränität über die dunklen Mächte bestimmt, zu der auch die Kontrolle der Affekte gehört. Auf der anderen Seite ist gerade in den letzten Jahren eine Renaissance der Gefühle zu erkennen. Öffentliche Plattformen, wie Talkshows und Doku-Soaps, erzeugen allerdings eher Pseudogefühle. In den Nachrichten sieht man Politiker, die sich weinend in den Armen liegen. Je mehr Platz die Gefühle wieder bekommen, umso wichtiger ist es für Autoren, sie zu reflektieren, differenziert und bewusst mit ihnen umzugehen.

Verschiedene Wissenschaften befassen sich inzwischen mit Emotionen, zum Beispiel ist die Biochemie nicht nur an Funktionsweisen der Erkenntnis, sondern auch des Fühlens interessiert. An einer juristischen Fakultät wurde ein *Emotionales Gesetzbuch*, ein *Dekalog der Gefühle* (2005) entwickelt, der Gefühlsgruppen kategorisiert und untersucht, wie weit Emotionen und Werte Gesetze und Urteile implizit beeinflussen.

Die Gegenwartsliteratur steht vor einem besonderen Dilemma. Gefühle sind zwar wieder gefragt, doch traditionelle Erzählstrukturen sind nicht zeitgemäß. Will man aber intensive Gefühlsprozesse beschreiben, muss man sich eher geschlossener Erzählformen bedienen. Umgekehrt kann es geschehen, dass eine gebrochene Form das Gefühl schwächt, statt es zu stärken. Wiedererkennbare Gefühlsmuster zu beschreiben, birgt die Gefahr, sich in Wiederholungen zu ergehen. Wie ist dieser Widerspruch praktisch aufzulösen? Drei Vorschläge:

1. Mut zum Gefühl
   Nicht Gefühle sind unzeitgemäß, sondern ihre Darstel-
   lungsformen. Achten Sie auf Ihre Umwelt. Wie wer-
   den Gefühle transformiert, vermittelt, ausgedrückt?
   Können Sie solche Beobachtungen für die Gestaltung
   Ihrer Charaktere fruchtbar machen?

2. Kritik ohne Verzicht
   Moderne Literatur kann auch Probleme des Erzählens
   reflektieren. Behandeln Sie in der Erzählung die Frage:
   Stelle ich Gefühle in einer angemessenen Form dar?

3. Emotionale Atmosphäre
   Machen Sie sich bewusst, dass jeder Text, egal worum
   es darin geht, immer auch eine emotionale Atmosphäre hat, dunkel oder hell, warm oder kühl.

Anregung

Zeitgemäße Sprache
Lesen Sie noch einmal den Satz aus dem empfindsamen
Roman *Geschichte des Fräuleins von Sternheim* von
Sophie von la Roche (1771). Übertragen Sie die Szene in
eine Sprache, die Sie der heutigen Zeit als angemessen
empfinden. Wie würde ein Freund heute begründen, dass
den anderen nur selten besucht?

Der emotionale Spannungsbogen

Über die emotionale Atmosphäre hinaus hat jeder literarische Text auch eine emotionale Dramaturgie. Der Leser wird durch wechselnde Gefühle geführt. Zur emotionalen Dramaturgie gehören:

- die Kombination von Gefühl, Bewertung und Deutung,
- die sprachliche Atmosphäre, mit der Gefühle zum Ausdruck gebracht werden,
- der emotionale Spannungsbogen,
- die Entwicklung des zentralen Charakters,
- der geschickte Einsatz von emotionalisierenden Motiven.

Der Spannungsbogen kann am Modell des Dreiakters gezeigt werden:

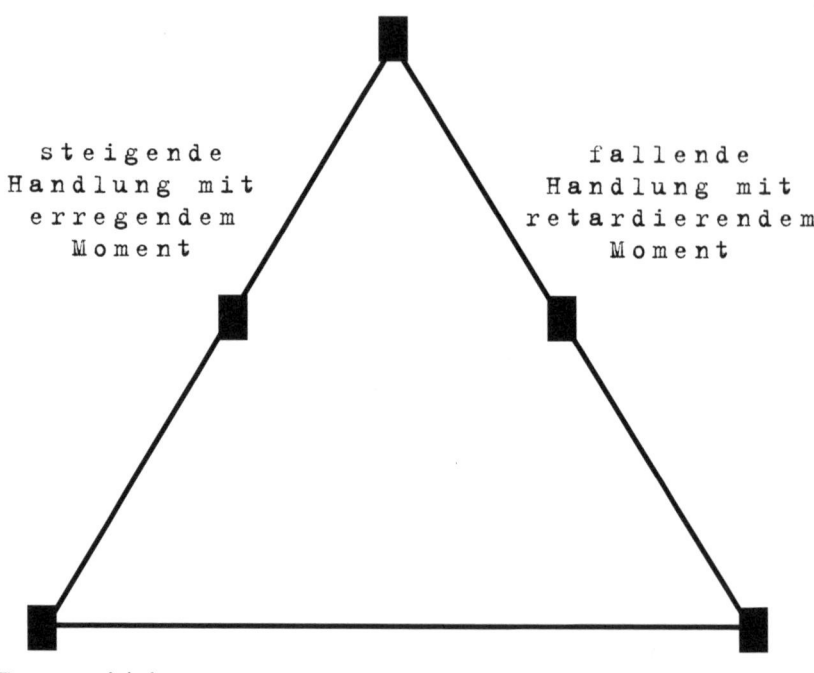

(Abbildung: Gustav Freytag *Die Technik des Dramas*)

1. Akt
    Die Welt des Helden wird vorgestellt. Ein plötzliches
    Ereignis bricht herein, das ihn zum Handeln zwingt.

2. Akt
    Der Protagonist wird mit wechselnden Hindernissen
    konfrontiert, die es ihm schwer machen, seine Pro-
    bleme zu lösen und sein Ziel zu erreichen. Er steuert
    auf einen »schwarzen Moment« zu: Das Erreichen des
    Ziels scheint vollkommen ausgeschlossen.

3. Akt
    Es kommt zu einem Ereignis, das die Lösung provo-
    ziert, die Ereignisse treiben auf einen Höhepunkt zu,
    und am Ende steht eine überraschende Wende.

Dieses Prinzip kann man auf die emotionale Spannungskurve übertragen. Sie wechselt zwischen »anspannenden«
und entspannenden Gefühlen. Welche das sind, hängt
ganz vom Thema ab. Auf den klassischen Dreiakter bezogen, hört sich die emotionale Dramaturgie so an:

1. Am Anfang stehen Ruhe und Sicherheit, vielleicht
    Geborgenheit, aber auch eine latente Unzufrieden-
    heit, die die Handlung in Gang setzt. Das »auslösende
    Ereignis« bewirkt Verstörung, Verunsicherung, viel-
    leicht Trauer oder Wut.

2. Im Mittelteil wechseln die Gefühle: Der Protagonist
    hat das Verlangen, in den ursprünglichen Ruhezustand
    zurückzukehren, aber das wird ihm vereitelt. Immer
    neue Provokationen sorgen für Aggression, Angst oder

Schmerz. Erste oder vermeintliche Lösungsschritte führen zu Erleichterung oder zu Zufriedenheit, die dann wieder zunichte gemacht werden.

3. Während im ersten und zweiten Teil die Gefühle oft nur latent sind, brechen sie zum Schluss hin hervor: Großer Schmerz, hochgradige Angst oder wilde Aggression sind mit dem Höhepunkt der Erzählung verbunden. Am Ende stehen entweder Erleichterung, Hoffnung oder Resignation – je nachdem, ob man sich für ein Happy End entscheidet oder nicht.

In amerikanischen Comics wie *Tom und Jerry* ist das emotionale Spannungsschema einfach. Es wechselt zwischen Angst und Erleichterung und zwischen Aggression und Genugtuung. Wenn ein Angriff des Täters bestraft wird, empfindet der Betrachter Zufriedenheit. Wenn das Opfer davonkommt, empfindet er Erleichterung. In der anspruchsvollen Literatur sind die emotionalen Wendungen wesentlich komplexer. Denn hier treten die Gefühle nie in Reinform auf, sondern sind vielschichtig, ambivalent und überlagern einander. Trotzdem wirkt das Prinzip: Die emotionale Grundstimmung deutet sich im ersten Teil des Textes an. Sie wird durch ein plötzliches Ereignis gesteigert oder konterkariert. Der Protagonist ist ambivalenten Gefühlen ausgesetzt, und die Ereignisse im Erzähltext lassen ihn einmal zu der einen, dann wieder zu der anderen Seite tendieren. Ein Erzähltext drängt immer zur Entscheidung. Erzählungen der Moderne unterlaufen diese beiden Prinzipien. So ist für Gegenwartsliteratur oft gerade kennzeichnend, dass

- wenig passiert;
- die Gefühle zum Ende hin abflachen, es entsteht Leere;
- nichts entschieden wird, sondern das Problem einfach an Bedeutung verliert oder ungelöst stehen bleibt.

Wer Spannung erzeugen will, braucht aber die Mittel der Steigerung und der Entscheidung. Sexualität verläuft nach einer ähnlichen Spannungskurve. Der Erzähltext spricht auch die Energien von Spannung und Lösung an. Der Rhythmus von Zusammenziehung und Ausdehnung prägt auch die emotionalen Vorgänge beim Schreiben und Lesen. In einem kritischen Moment krampft sich der Körper zusammen, in einem lösenden Augenblick lockert sich alles. Mit einer gelungenen emotionalen Dramaturgie können Sie diesen Spannungswechsel erzeugen.

Anregung

1. Zeichnen Sie eine Spannungskurve auf ein großes Blatt Papier: Je dramatischer die Gefühle nach oben oder nach unten sind, desto heftiger schlägt Ihre Kurve aus. Notieren Sie die Gefühle, die in Ihrem Text auftreten sollen. Mit einer anderen Farbe notieren Sie Handlungselemente. Dann schreiben Sie eine Geschichte.
2. Entwickeln Sie eine Geschichte nach folgendem Aufbauplan:
- Ausgangspunkt: eine ruhige Situation
- Ein Ereignis bricht ein, das die Ruhe stört. (Beispiele: ein plötzlicher Mord; eine schockierende Diagnose, eine unerwartete Entlassung)

- Die Versuche des Charakters, die Probleme zu lösen
- Zusteuerung auf einen »schwarzen Moment« – große Gefühle
- Lösung/Ergebnis

4. Literarisches Spiel mit emotionalen Mustern

Emotionale Muster durchschauen

Wenn man eine Erzählung schreibt, bestimmt man die emotionale Kurve: Durch welche Gefühle will ich meine Leser führen? Welche Atmosphäre möchte ich erzeugen? Welcher emotionale Nachklang soll zurückbleiben?

Daraus ergibt sich die Frage: Welchen Ablauf müssen wir strukturieren, um die geplante Gefühlskurve zu verwirklichen?

Diese Frage mag ungewöhnlich klingen. Schließlich nimmt man meistens die Handlung oder das Geschehen einer Geschichte zum Ausgangspunkt für das literarische Schreiben. Nun sollen Emotionen der rote Faden sein?

Ein Beispiel:
Jemand möchte eine Geschichte erzählen, wie es ist, seine Heimat zu verlieren, in der Fremde zu sein und in neuer Umgebung langsam Wurzeln zu schlagen. Er kann die Geschichte einer Familie berichten, die sich 1945 in Schlesien auf einen Flüchtlingstreck begibt, in mehreren deutschen Städten bei Verwandten Station macht und sich schließlich an einem Ort niederlässt – für die Eltern

ein dauerhaftes Provisorium, für die Kinder allmählich das Zuhause.

Er kann aber auch die Geschichte eines Kurden erzählen, der sich 1998 auf abenteuerlichen Wegen aus der Türkei schleusen lässt, in Deutschland einen Asylantrag stellt, der abgelehnt wird, und dann mit Hilfe von Freunden und Menschenrechtsorganisationen um ein Bleiberecht kämpft, das er sich mühsam erstreitet.

In beiden Fällen gewinnt die Geschichte ihre Glaubwürdigkeit dadurch, dass die Fakten stimmen – und dass die Gefühle von Entfremdung, Angst, Suche und Hoffnung, am neuen Ort angekommen zu sein, differenziert und subtil dargestellt sind. Der Autor dieses Beispiels kann sein Thema aber noch ungewöhnlicher und überraschender gestalten: Sein Protagonist könnte ein Mensch sein, der in seinem Beruf, in dem er sich zu Hause fühlt, nicht mehr arbeiten kann, oder jemand, der sich nach einer Operation in seinem Körper nicht mehr zu Hause fühlt. Wo überall könnten noch Heimat und Fremde zu finden sein? Die Möglichkeiten, Erzählstoffe zu finden, sind vielfältig, die damit verbundenen Grundgefühle ähnlich.

Beispielhafte Fragen zu emotionalen Mustern

Welche emotionalen Entwicklungen und Wendungen wollen Sie zum Thema Ihres literarischen Werkes machen? Als Anregung einige Beispiele:

- Eine menschliche Enttäuschung mit einem positiven Ausgang?
- Die Liebe zu einem Kind?
- Die Angst, zurückgewiesen zu werden?
- Die Trauer durch den Tod eines geliebten Menschen und die allmähliche Überwindung dieser Trauer?
- Den Ärger über eine ungerechte Behandlung?

Vertreter der amerikanischen Tradition des kreativen Schreibens haben den Begriff der »Prämisse« geprägt. Die »Prämisse« ist die Leitidee eines Textes, die als Motto über dem Ganzen steht. Sie ist die in einem Satz fassbare Botschaft des Textes.

Prämissen haben viel mit Gefühlen zu tun. Sie enthalten in der Regel eine emotionale Erfahrung und ihre moralische Bewertung. bestehen aus einer Situation und deren Konsequenz. Lajos Egri führt in *Dramatisches Schreiben* folgende Beispiele für gelungene Prämissen auf:

- Bitterkeit führt zu aufgesetzter Fröhlichkeit.
- Leichtfertige Großzügigkeit führt zur Armut.
- Ehrlichkeit besiegt Falschheit.
- Unachtsamkeit zerstört Freundschaft.
- Jähzorn führt zu Einsamkeit.
- Materialismus besiegt Mystizismus.

- Prüderie führt zu Frustration.
- Prahlerei führt zu Schande.
- Verwirrung führt zu Frustration.
- Wer anderen eine Grube gräbt, fällt selbst hinein.
- Unehrlichkeit führt zu Bloßstellung.
- Ausschweifung führt zu Selbstzerstörung.
- Egoismus führt zum Verlust von Freundschaften.
- Extravaganz führt zu äußerster Armut.
- Wankelmut führt zum Verlust der Selbstwertschätzung.

Drehbuchautoren sprechen von der »Logline« eines Films. Die Logline ist eine Umsetzung der manchmal noch abstrakt wirkenden Prämisse. Christopher Keane nennt in seinem Handbuch *Schritt für Schritt zum erfolgreichen Drehbuch* »Loglines« für einige bekannte Kinofilme. Hier werden Emotionen durch Konflikte und Handlung in einem Satz ausgedrückt:

Eliot Ness und seine Männer bekämpfen den Mafiaboss Al Capone im Chicago zur Zeit der Prohibition.
»Die Unbestechlichen«

Ende des 19. Jahrhunderts kommt eine schottische Frau nach Neuseeland, um dort eine arrangierte Ehe einzugehen: Sie stößt auf dunkle, primitive Leidenschaften.
»Das Piano«

Eine brave junge Frau aus dem viktorianischen Zeitalter trifft auf Gefühle.
»Emma«

Mit der Prämisse ist festgelegt, wie Ihre Story ausgeht. Lassen Sie einen Bösewicht sterben, können Sie ihn am Ende für seine Haltung und seine Übeltaten »bestrafen«. Oder Sie lassen ihn am Leben und schenken ihm Glück, dann könnte Ihre Prämisse lauten: »Bosheit kann sich durchaus lohnen.«

Denken Sie über moderne Prämissen nach. Die Prämisse von *Madame Bovary* könnte lauten: »Verbotene Liebe führt zum Tod.« Dies ist eine typische Prämisse für das 19. Jahrhundert, in Gegenwartsromanen würde eine Prämisse vielleicht heißen: »Untreue führt zu Resignation.«

Selbst wenn der Autor beim Schreiben keine Prämisse für sich formuliert hat, wird der Leser im Text doch eine finden. Sie erschließt sich durch den Handlungsausgang, für den sich der Autor entschieden hat.

Schreiben Sie über Gefühle, die Ihnen wichtig sind. Entwerfen Sie emotionale Strukturen, die Sie interessieren. Treffen Sie moralische Entscheidungen, die Sie wirklich wollen.

Anregung

Prämissen umsetzen

Suchen Sie sich aus den oben genannten Prämissen eine aus, die Ihnen zusagt. Welche mögliche Geschichte fällt Ihnen dazu ein? Schreiben Sie dazu zuerst eine Logline. Dann skizzieren Sie die Handlung auf ein bis zwei Seiten (Exposé). Können Sie nun eine ganze Geschichte ausformulieren?

Was ist Kitsch?

Was ist ein emotionales Klischee? Man könnte von einer
»Übercodierung« sprechen. Ein Ausdruck für ein Gefühl
oder ein gefühlsbehaftetes Thema wird übertrieben dargestellt. Ein emotionales Klischee ist eine Plattitüde. Emotionale Klischees produzieren Kitsch.

Was ist Kitsch? Hans-Dieter Gelfert geht in seinem gleich-
namigen Buch der Frage nach, was Kitsch von anderen
Formen guter oder schlechter Kunst unterscheidet. Kri-
terien für ein minderwertiges Kunstwerk sind künstlerische Unvollkommenheit (Dilettantismus) und ein Mangel
an Originalität. Beim Kitsch kommt hinzu, dass Originalität vorgetäuscht werden soll. Kitsch befriedigt Bedürf-
nisse nach Vereinfachung und oberflächlicher Harmonie.
Gefühle verkommen zur Sentimentalität, und Klischees
werden als authentische Aussagen verkauft.
 Kitsch ist nicht mit Trivialität gleichzusetzen. Denn
Trivialliteratur beansprucht weder Tiefgang noch Originalität, was der Kitsch aber versucht.
 Ausgeprägt emotionale Texte zu schreiben, gilt heute
als verpönt. William Shakespeare konnte mit seinen
Theaterstücken, in denen Empfindungen eine große
Rolle spielen, noch das Interesse eines breiten Publi-
kums wecken und trotzdem auch die Theaterkritiker
begeistern.
 Gelfert unterscheidet zwischen »Formkitsch« und
»Stoffkitsch«. Ein Formklischee nennt er »Schwulst«.
Beim Bild geht es um die Ausführung, beim Text um die
Sprache. Der Ausdruck ist überladen, ohne ironische Dis-
tanzierung. Gefühle werden mit hohem Pathos aufgela-

den und übersteigert. Der »Schmalz« hingegen entspricht dem »Stoffkitsch«. Hier geht es um große Gefühle, um Lebensthemen wie Tod und Liebe, aber die Umsetzung wird diesen Themen nicht gerecht. Dies unterscheidet eine Tragödie vom Melodram: »Tragische Dichtung ruft Erschütterung hervor, weil sie Abgründe der menschlichen Existenz aufzeigt. Melodramen handeln von unglücklichen Zufällen, die man mit Rührung genießen kann, weil sie einen nicht wirklich betreffen.«

Ist *Vom Winde verweht* (1936) von Margaret Mitchell eine Tragödie oder ein Melodram? Es hat Züge einer Tragödie, weil die Protagonistin durch ihre eigene psychische Konstitution daran gehindert wird, Erfüllung in der Liebe zu finden. Es hat aber auch Züge eines Melodrams, weil das Leben von Scarlett O'Hara mit den amerikanischen Bürgerkriegswirren farbenprächtig verknüpft wird. Es ist in Deutschland eines der bekanntesten Bücher des 20. Jahrhunderts, wurde jedoch von der Literaturwissenschaft nicht als seriöses Werk anerkannt.

Zum »Stoffkitsch« kann man *Tipsys sonderbare Liebesgeschichte* (1913) von Else Hueck-Dehio zählen, die in manchen Ausgaben als *Eine Idylle aus dem alten Estland* untertitelt ist. Die ganze Handlung ist fast märchenhaft: Ein Mädchen, Tipsy, verlebt eine glückliche Kindheit auf einem estnischen Gut und wächst langsam zu einer schönen, jungen Frau heran. Baron Hagen ist von dunkler Schönheit, aber leichtlebig. Er verliert sein Herz an das junge Mädchen und verändert sich in seiner Haltung, erweist sich als zuverlässig und übernimmt Verantwortung. Die Geschichte ist eine »Idylle«, weil das Erwachsenwerden für das junge Mädchen schön ist. Im Grunde bleibt die kindliche Geborgenheit erhalten; denn die Erzählerin deutet an, dass die Ehe glücklich wird.

Ein Beispiel für »Formkitsch« ist das Gedicht »Schwarze Katze« von Rainer Maria Rilke, das etwa zeitgleich zu seinem berühmten Gedicht »Der Panther« entstanden ist. Hans-Dieter Gelfert stellt in seinem Buch *Was ist Kitsch?* die beiden Gedichte gegenüber.

Schwarze Katze

Ein Gespenst ist noch wie eine Stelle,
dran dein Blick mit einem Klange stößt;
aber da, an diesem schwarzen Felle
wird dein stärkstes Schauen aufgelöst:

wie ein Tobender, wenn er in vollster
Raserei ins Schwarze stampft,
jählings am benehmenden Gepolster
einer Zelle aufhört und verdampft.

Alle Blicke, die sie jemals trafen,
scheint sie also an sich zu verhehlen,
um darüber drohend und verdrossen
zuzuschauen und damit zu schlafen.

Doch auf einmal kehrt sie, wie geweckt,
ihr Gesicht und mitten in das deine:
und da triffst du deinen Blick im geelen
Amber ihrer runden Augensteine
unerwartet wieder: eingeschlossen
wie ein ausgestorbenes Insekt.

Zum Vergleich:

Der Panther
Im Jardin des Plantes, Paris

Sein Blick ist vom Vorübergehn der Stäbe
so müd geworden, dass er nichts mehr hält.
Ihm ist, als ob es tausend Stäbe gäbe
und hinter tausend Stäben keine Welt.

Der weiche Gang geschmeidig starker Schritte,
der sich im allerkleinsten Kreise dreht,
ist wie ein Tanz von Kraft um eine Mitte,
in der betäubt ein großer Wille steht.

Nur manchmal schiebt der Vorhang der Pupille
sich lautlos auf –. Dann geht ein Bild hinein,
geht durch der Glieder angespannte Stille –
und hört im Herzen auf zu sein.

Beide Gedichte sind um 1902 entstanden und weisen for-
male Ähnlichkeiten auf. »Der Panther« ist jedoch von
größerer Authentizität. Das Gedicht erfasst die Situation
des Tieres in seinem Käfig im Jardin des Plantes. Die Emotionen unterdrücken die tragische Situation eher als sie
zu betonen. Dennoch wird die Tragik deutlich – gerade
durch die Mehrschichtigkeit der Ausdrücke. »…und hinter tausend Stäben keine Welt« lässt nicht nur die Assoziation an ein Gefängnis zu, sondern auch den Gedanken
an den stumpf gewordenen Blick, der jenseits der Stäbe
nichts mehr wahrnimmt.

Anders ist es bei dem Gedicht »Schwarze Katze«. Hier sind die Formulierungen emotionsgeladen, ohne dass es der dahinterliegenden Aussageebene entspricht. Der Ausdruck »im geelen Amber ihrer runden Augensteine« ist schwülstig und übertrieben. Der Schlusssatz »eingeschlossen wie ein ausgestorbenes Insekt« wirkt wie eine schlechte Kopie des Schlusssatzes des obigen Gedichtes: »...und hört im Herzen auf zu sein.«

Die Grenzen zwischen Texten, die stark an Emotionen appellieren, und kitschigen Texten sind fließend. Die Meinungen der Leser, ob originäre Emotionen angesprochen oder ob ihnen Gefühlsschablonen angeboten werden, können verschieden sein. Was der eine als abgedroschen empfindet, mag ein anderer als unverfälscht ansehen.

Hier ein paar Tipps, wie Sie Kitsch vermeiden:

-   Authentizität
    Schreiben Sie nicht, was man in dieser Situation angeblich zu fühlen habe, sondern horchen Sie in sich hinein, was Sie wirklich fühlen.

-   Originalität
    Suchen Sie nach eigenen, ursprünglichen Begriffen, um ein Gefühl auszudrücken, verwenden Sie keine Phrasen.

-   Verknappung
    Weniger ist mehr. Wenn sie ein gefühlsbesetztes Symbol nur andeuten, geben Sie dem Gefühl des Lesers mehr Raum, als wenn sie es umständlich ausbreiten.

- Ambivalenz
  Jedes Gefühl verweist auch auf das Gegenteil: die Sympathie auf die Abneigung, die Hoffnung auf die Verzweiflung. Schildern Sie deshalb Gefühle nicht zu einseitig.

- Relativität
  Wenn Sie einen insgesamt kritischen und reflektierten Text schreiben, wird man ihn auch dann nicht als Kitsch verwerfen, wenn Sie ein paar emotionsstarke Motive einbauen.

- Vermeiden Sie sprachliche und emotionale Klischees!

Anregung

Nachruf auf ein Haustier

Lesen Sie das Gedicht »Auf meinen am 15. November 1890 dahingegangenen Papagei« von Friederike Kempner (1836-1904). Unterstreichen Sie die Formulierungen, die Sie für besonders kitschig halten. Schreiben Sie ein Nachruf auf ein Haustier in modernem Text. Versuchen Sie dann, einen Text über den Verlust eines Haustieres zu schreiben, der nicht kitschig ist.

Allgeliebter Vogel Du,
Gingest auch zur ewigen Ruh
Liebenswürdig zahm und zart
Und von selten geistiger Art!

Warst mir zweiundzwanzig Jahr,
Was kein Anderer mir war,

Steter Freund, ach lebenslang,
Nehme meinen heißen Dank.

Mancher hat Dich arg betrübt,
Weil Du allgemein beliebt,
Gönnte diesen Trost mir nicht,
– Das ist Wahrheit im Gedicht –

Nochmals Dank für Deine Treu!
Lebe dorten auf, auf's neu –
Jeder Geist er lebet fort,
Glücklich sei an jedem Ort!

Emotionale Klischees

Sprachliche Klischees sind abgedroschene Phrasen. Sie
werden häufig angewandt, um Gefühle zu beschreiben:

»Er errötete« – Er war verlegen
»Sie zitterte wie Espenlaub« – Sie hatte Angst
»Seine Hände zitterten« – Er war nervös
»Ihr Herz schlug bis zum Hals« – Sie war sehr aufgeregt
»Sein Puls raste« – Er war sehr aufgeregt
»Sie schmolz dahin« – Sie war von seinen Worten/Zärt-
lichkeiten sehr berührt
»Er zögerte« – Er konnte nicht sofort reagieren
»Ihre Augen wurden feucht« – Sie war gerührt
»Seine Halsschlagader trat hervor« – Er war zornig

Weitere Bezeichnungen für Emotionen, die sehr häufig verwendet werden, sind: »Sie war überwältigt« – »Er grinste bis über beide Ohren« – »Sie überkam eine Woge aus Dankbarkeit« – »Seine Nackenhaare sträubten sich« – »Ein Schauer lief ihr über den Rücken« – »Seine Schultern bebten« – »Sie sah in ihrem Leben keinen Sinn mehr«

A n r e g u n g

Umformulieren

Diese Liste ließe sich noch weiter fortsetzen. Versuchen Sie einmal, für die Gefühlsbeschreibungen in Anführungszeichen neue Ausdrücke zu finden!

»*Emotionale* Klischees« sind abgegriffene emotionale Konstellationen. Dem Motiv liegt oft eine Tradition zu Grunde, die längst nicht mehr unserer Zeit entspricht. Solche Stoffklischees sind an Charaktere gebunden und an die Interaktion zwischen Charakteren. Einige Beispiele:

Die ewige einzige, wahre Liebe

Diesem Motiv liegt das Klischee zugrunde, dass wahre Liebe nur mit einem einzigen Menschen möglich ist. Ein Mann und eine Frau entdecken durch ein Schlüsselerlebnis ihre Liebe zueinander oder sie merken, dass sie »füreinander bestimmt« sind. Diese Bestimmung wird auf verschiedene Proben gestellt. Entweder gibt es am Schluss ein Happy End und die Partner finden eine erfüllende Beziehung, oder aber es kommt zur Trennung. Nun trauern sie aber bis an ihr Lebensende umeinander. Der Tod wird zur Erlösung, dem/der Geliebten wieder nahe zu sein. Das Motiv findet sich auch im Beispiel der Frau, die ihr Leben lang auf den einen Mann wartet. Die Verbindung von »wahre Liebe« und »hält ewig« ist ein emotionales Klischee.

Die große Freiheit
Zu diesem Klischee gehört das Motiv vom »edlen Wilden«. Hier liegt die unhaltbare Prämisse zu Grunde, dass der von der Zivilisation unverdorbene Mensch ein schlichtes Gemüt, aber einen guten Charakter hat. Karl Mays »Winnetou« oder Daniel Defoes »Freitag« sind die prominentesten Vertreter. Der »edle Wilde« ist oft ein Held zweiter Klasse, der intellektuell etwas unterhalb des Haupthelden steht. Dieser beherrscht die Techniken der Zivilisation, ist aber auch ein »guter Mensch«, denn er will die Natur bewahren. »Natur« bedeutet hier elementar, unverdorben, ursprünglich. Die Meta-Aussage solcher Texte ist häufig, dass die Zivilisation die Natur zerstört – deshalb muss der »edle Wilde« am Ende meistens sterben. Der eigentliche Protagonist ist oft ein weißhäutiger Aussteiger aus der Zivilisation. Ihn zeichnen Abenteuerdrang, körperliche Belastbarkeit und Widerstandsfähigkeit, Tierliebe und ein weitgehender Verzicht auf ein Liebesleben aus. Die mit diesem Bild verknüpften Empfindungen von Freiheit und Abenteurertum bedienen ein emotionales Klischee.

Ein Bösewicht verdient einen schrecklichen Tod
Das Gute wird belohnt, das Böse wird gerächt. Die Bestrafung des Bösen bedeutet zugleich den Sieg des Guten. Es ist das einfache literarische Strickmuster des Protagonisten, der nur positive Werte verkörpert, im Gegensatz zum Antagonisten, in dem sich das Negative sammelt.

Dass der Bösewicht mit dem Tod bezahlen muss, ist ein Klischee. Er hat seine Strafe bekommen, und die Probleme, die er verursacht hat, sind durch sein Ableben beseitigt. Ein schrecklicher Tod kann die Rachegelüste des Lesers befriedigen, ohne dass er sich dafür schlecht vorkommen muss.

Wie eindeutig gut oder böse sind Ihre Hauptfiguren? Wer stirbt? Warum? Lassen Sie den »edlen Wilden« überleben und den weißen Helden sterben! Lassen Sie den Bösewicht Erfolg haben! Lassen Sie die treue Frau mit einem anderen glücklich werden! Denken Sie an die zwei Cowboys, der Inbegriff von sauberer Männlichkeit, die ihre Liebe zueinander entdecken in »Brokeback Mountain«, ein erfolgreicher Film, der 2006 in den Kinos lief.

In Literatur und Film sind die meisten Motive bereits umgekehrt worden, aber die Umkehrung eines Klischees bedeutet noch nicht seine Aufhebung. Besser ist es, seine Charaktere gar nicht erst in klischeehafte Muster verfallen zu lassen.

Ob es sich um ein emotionales Motiv oder um ein emotionales Klischee handelt, wird Ihnen die Beschäftigung mit den einzelnen Motiven zeigen: Manches werden Sie als Klischee ablehnen, anderes wird Ihnen als Motiv wertvoll erscheinen, das Sie literarisch nutzen möchten. Klischeehaft wird es vor allem dann, wenn Sie die ganze Handlung Ihrer Erzählung an solchen Motiven orientieren. Sie können an strategisch geeigneten Orten mit Klischees spielen, sollten Sie aber auch genauso gezielt durchbrechen.

Wenn beide, Form- und Stoffklischees, zusammentreffen, ist der Kitsch kaum zu vermeiden. Deshalb gilt es,
sowohl die sprachliche Umsetzung wie auch die Wahl des
Stoffes kritisch zu bedenken. Besonders das Ende einer
Geschichte beeinflusst, ob Sie einem emotionalen Klischee folgen.

Anregung

Umgekehrte Klischees verarbeiten
Kehren Sie ein Ihnen vertrautes Klischee einmal um. Beispiele:

- Ein Psychopath wird zum Lebensretter.
- Ein Mönch kommt mit dem Verzicht auf Sex gut
  zurecht.
- Ein Sportler resigniert wegen seiner Mittelmäßigkeit
  nicht.

Formen Sie aus einem vorgegebenen oder selbst gewählten Beispiel eine Geschichte.

Gefühle in Fiktion und Wirklichkeit

Die Gefühle der Figuren im literarischen Werk sollen überzeugen wie im wirklichen Leben. Während uns jedoch in
unserem eigenen Leben unmittelbare Ereignisse erschüt-
tern wie die Trennung vom Geliebten, der Verlust des
Arbeitsplatzes, der Tod eines Kindes, berühren uns die

gleichen Ereignisse bei anderen Menschen weniger stark.

Gegenstände können Gefühle auslösen, ein Fotoalbum, ein Lieblingslied, eine Postkartensammlung, ein Schmuckstück. Solche Symbole erinnern an andere Menschen und an bestimmte Situationen. Alles, was weniger nah am eigenen Erfahrungsbereich ist, löst weniger starke Emotionen aus. Auf den Schlaganfall des Nachbarn regieren wir mit Mitleid, aber wir verzweifeln nicht. Das Erdbeben in einem anderen Erdteil macht uns betroffen und nachdenklich, aber wir geraten nicht in Panik und empfinden den Verlust nicht so, als wäre unser eigenes Haus zerstört.

Ähnlich ist es mit den Symbolen: Das alte Silberkettchen oder der Besteckkasten, der bei der Haushaltsauflösung einer unbekannten Verstorbenen zurückbleibt, lassen Sie vielleicht Respekt vor dem Leben und der Würde der Person empfinden, aber für Sie haben die Stücke längst nicht die Bedeutung wie für ihre ehemalige Besitzerin.

Diese Kluft zwischen eigenen und fremden Gefühlen kann die Literatur überbrücken. Ein literarischer Text ist gelungen, wenn der Leser die Gefühle der Figuren mitempfinden kann und sich vielleicht sogar darin wiedererkennt. Der Leser setzt sich mit seinen eigenen Gefühlen auseinander und denkt nicht an die möglichen Gefühle des Autors.

Wie erreicht es ein Autor, dass sich der Leser in seinen eigenen Emotionen angesprochen fühlt?

Das Wichtigste ist, dass Sie Distanz zum Erlebten und zu Ihren Gefühlen haben. Sie erreichen das, indem Sie hinter die von Ihnen beschriebene Welt einen Schritt zurücktreten und die Gefühle zwischen den Zeilen andeuten, statt sie direkt zu benennen. Im wirklichen Leben teilen Sie vielleicht Ihren Gesprächspartnern Ihre Gefühle deutlich mit, im literarischen Text dagegen ist Zurückhaltung angebracht. Beschreiben Sie die Situationen, deuten Sie an, was Ihre Figuren bewegt. Schreiben Sie nie direkt, wie aufwühlend, schrecklich oder bedeutungsvoll etwas ist.

In Aglaya Veteranyis Buch *Warum das Kind in der Polenta kocht* heißt ein Satz: »Vielleicht haben uns unsere Eltern weggegeben, weil ich nicht an den Haaren hängen will.«

Hier wird vieles auf einmal gesagt: Die Eltern haben ihr Kind weggegeben, es hat an den Haaren gehangen, diese Qual wollte es nicht mehr. Man muss wissen: Es handelt sich um ein Artistenkind, das Luftakrobatin werden sollte. Dies geht aus dem Satz hervor, in »nicht an den Haaren hängen wollen« kommt der Schmerz zur Sprache, den diese Kunst verursacht: Der Beruf einer Artistin ist hart und schwer, doch dies steht in keinem Verhältnis dazu, dass die Mutter ihre Töchter in ein Heim gegeben hat.

Stellen Sie sich vor, Sie würden stattdessen schreiben: »Es war sehr schmerzhaft gewesen, jeden Abend an den Haaren in der Zirkuskuppel zu hängen, aber ich habe meine ganze Kraft gegeben, alles immer richtig zu machen. Dennoch steckte meine Mutter mich und meine Schwester in ein Heim. Wie konnte meine Mutter nur so herzlos sein?« Das wäre eine ausführliche Paraphrase von Veteranyis kurzem Satz – und Sie würden dem Leser die Gefühle und moralische Wertung vorschreiben, statt dies durch knappe Andeutungen im Leser entstehen zu lassen. Sie würden Ihrem Leser sagen, was er zu empfinden hat. Immer dann, wenn Ihre eigenen Gefühle stark sind, verknappen und verdichten Sie! Schildern Sie bewegende Ereignisse bewusst distanziert und sachlich und arbeiten Sie mit Andeutungen. Lassen Sie dem Leser Raum zum Ergänzen.

Wenn Sie an einer einzelnen Szene arbeiten, lösen Sie sich zunächst von Ihrer Prämisse. Konzentrieren Sie sich ganz auf den emotionalen Gehalt der Gegenstände, Ereignisse und Verhaltensweisen Ihrer Figuren. Suchen Sie Worte, die das vermitteln, was Sie vor sich sehen. Wenn Sie Ihren ersten Entwurf lesen, können Sie die emotionale Wirkung spüren, aber auch feststellen, welche Passagen ohne Widerhall bleiben. Kürzen Sie leere Beschreibungen, beschäftigen Sie sich mit den emotional dichten Passagen noch weiter.

Manche Gefühle, wie Ängste, die Sie zu sehr bedrängen, Probleme, die sich aus der eigenen Lebensgeschichte ergeben haben, sind für die literarische Umsetzung zu nah. Distanz erreichen Sie, wenn Sie eine Person erfinden oder sich in das Problem einer anderen Person hineinversetzen. Emotionales Schreiben lebt von der Schwingung, mal sind Sie es, mal ein anderer, der erlebt und empfindet. Aus der Bündelung beider Perspektiven entsteht der fiktive Charakter. Verdichten Sie die Innen- und die Außensicht zu einer Erzählperspektive, so dass die Antinomie »Ich – ein anderer« in der Figur lebt.

Anregung

Emotionale Wirkung überprüfen

Markieren Sie in einem Text, den Sie bereits geschrieben
haben, die Stellen, die Sie für emotional besonders dicht
halten. Was zeichnet diese Stellen aus? Geben Sie Ihren
Text (ohne Markierungen) jemand anderem zu lesen (am
besten jemandem, der über Sie möglichst wenig weiß) und
bitten ihn, dasselbe zu tun. Wo sind Übereinstimmungen,
wo sind Abweichungen? Bitten Sie Ihr Gegenüber, seine
Markierungen zu begründen. Sollte es der Fall sein, dass
Passagen, die auf Sie sehr stark emotionalisierend wirken,
Ihren Leser »kalt« lassen, könnte es daran liegen, dass
Nähe und Distanz zum fiktiven Charakter noch nicht im
Lot sind.

Der fiktive Charakter

Der fiktive Charakter, das sind nicht Sie. Aber Sie können
ihm Gefühle mitgeben, die Sie selbst gut kennen, wenn
Sie ihn zum Beispiel in eine Situation bringen, die Sie vielleicht in ähnlicher Weise auch schon erlebt haben. Selbstverständlich kann Ihr fiktiver Charakter auch ganz anders
fühlen als Sie, obwohl die Grundgefühle in bestimmten
Situationen von den meisten Menschen ähnlich empfunden werden. Stellen Sie sich vor: Jemand hängt an einer
Hochhauswand an einem dünnen Seil mit dem Kopf nach
unten und schaut in die Tiefe, auf die Straße weit unter
sich. Wahrscheinlich fühlt er, wie Sie es würden: Todesangst, Lähmung, Endgültigkeit, dass sein Leben nur noch
einem Faden hängt. Gefühle wie diese in einer solchen

Situation kann jeder nachvollziehen. Und trotzdem sind nicht Sie es, der da hängt, sondern ein anderer – mit dem Sie sich bis zu einem gewissen Punkt identifizieren.

Stellen Sie sich jetzt vor, Ihr fiktiver Charakter macht den Motorradführerschein. Das kann Angst oder Jubel bei ihm auslösen. Sie selbst waren vielleicht ängstlich, als Sie Autofahren lernten, und ein Motorrad haben Sie noch nie gefahren. Ihr fiktiver Charakter empfindet bei den ersten Fahrstunden ganz anders als Sie. Da hilft nur eines: Geben Sie Ihren wichtigsten Charakteren Eigenschaften, bevor Sie zu schreiben beginnen. Entwerfen Sie ein Profil: Alter, Geschlecht, Lebenssituation, darüber hinaus seine Erscheinung, Eigenschaften und typische Verhaltensweisen. Sie kennen seine Stärken und Schwächen, daraus ergibt sich, wie er in bestimmten Situationen handelt. Wie verhält er sich bei der Arbeit, im Schwimmbad (oder geht er nicht ins Schwimmbad?), im Restaurant, in seiner Wohnung? Welches Lokal, welche Freunde passen zu ihm? Wenn Sie sich ein solches Profil geschaffen haben, können Sie davon ableiten, wie er in verschiedenen Situationen empfindet.

Wenn Sie jedoch Ihre Hauptfigur autobiografisch ableiten, wenn sie aus Ihrem eigenen Ich heraus entstanden ist, dann machen Sie sich darüber Gedanken, ob diese Figur sich von Ihnen unterscheiden soll und inwiefern. Im autobiografischen Text gewinnt die Hauptfigur ein Eigenleben, Sie arbeiten mit ihr wie mit einem fiktiven Charakter.

Sie können Ihre Figuren eine Spur stärker machen als Sie selbst es sind. Geben Sie ihnen kräftige Gefühle mit, lassen Sie sie in Situationen durchhalten, in denen Sie selbst vielleicht aufgeben würden. Wenn Sie eine fiktive Persönlichkeit etwas stärker machen als in Wirklichkeit, wirkt die Figur dennoch glaubwürdig. Das liegt daran, dass man oft andere Menschen als stärker wahrnimmt, als diese sich tatsächlich fühlen. Die Leser wollen sich durch den Protagonisten mitziehen lassen, was nicht heißt, dass er keine Schwächen haben darf. Aber gerade die Verletzlichkeit einer fiktiven Figur wirkt dann überzeugend, wenn sie an anderer Stelle Stärke zeigt.

Ihr Charakter muss unverkennbar sein, auch in seinem Handeln. Aber er hat genauso gemischte Gefühle wie jeder andere. Ein ängstlicher Mensch reagiert in einer bestimmten Situation mutig. Wenn ein Mensch zum Beispiel in einer schwierigen Situation über sich hinauswächst, ist dies ein wichtiges Element für Ihren Text. Denn Ihr Charakter muss sich entwickeln, er muss am Ende ein anderer sein als zu Beginn. Lebendig wird Ihr Text auch dadurch, wenn Sie mit mehreren Figuren arbeiten, die unterschiedlich angelegt sind. Sie reagieren auf ähnliche Reize mit ganz unterschiedlichen Gefühlen. Spielen Sie Ihre Figuren gegeneinander aus, aber würdigen Sie jeden einzelnen Charakter in seiner Authentizität.

Anregung

Ein ganz anderer
Schreiben Sie einige Eigenschaften auf, die Sie für sich für typisch halten. Dann entwerfen Sie eine Figur, die ganz gegensätzlich von Ihnen ist. Versetzen Sie die Figur in eine Situation, in der sie ganz anders reagieren würde als Sie. Welche Gefühle treten auf?

Gefühlsschablonen einsetzen

An anderer Stelle wurde bereits gesagt, dass unsere Gefühle »codiert« sind. Was bedeutet das? Bestimmte Schemata formen Gefühle und lösen sie aus. Das gilt auch für Texte und Filme. Gesten oder Ereignisse, die emotionalisierend wirken, werden in die Handlung eingewoben. In dem Film *Ghost – Nachricht von Sam* (1990) mit Patrick Swayze und Demi Moore, in dem es um die Liebe eines Verstorbenen zu seiner noch lebenden Partnerin geht, wirkt ein geflügeltes Wort in dieser Weise. Das Wort »dito« (»besagt«) wird von den Partnern in bewegenden Momenten ausgesprochen. Die Wiederholung dieses Wortes auch in schwierigen Situationen löst beim Zuschauer Rührung aus.

Auch in dem Film *E-Mail für dich* (1998) mit Mag Ryan und Tom Hanks wird mit Worten gearbeitet. Die Buchhändlerin und der Büchermogul kennen sich aus dem Internet – sie weiß bis zum Schluss nicht, dass sich hinter ihrem Internetfreund NY 152 ihr Konkurrent und Gegner Joe Fox verbirgt, in den sie sich zwischenzeitlich allerdings verliebt hat. Ihm wird früher klar, dass seine Internetpartnerin »Shopgirl« und Kathleen ein und dieselbe Person sind. Als er sie in der Schlussszene mit »Don't cry, Shopgirl« anspricht und somit ihren Nicknamen ausspricht und das Erkennen zeigt, wirkt dies auf die Zuschauer bewegend. Ihre Antwort »I wanted it to be you« drückt aus, wie erleichtert sie ist, dass sich hinter ihrem Internetfreund Joe Fox verbirgt. In beiden Filmbeispielen drücken die Worte etwas Verbindendes aus, ein (Wieder-)erkennen, etwas Vertrautes, das hinter der Fassade des Fremden überraschend und erlösend aufscheint.

Anstelle von Worten können auch Gesten stehen, wie der geradezu poetische Moment als in dem Film *Lost in Translation* Bill Murray den Fuß der schlafenden Scarlett Johanssen berührt.

Musikalische Motive können Gefühle hervorrufen, zum Beispiel, wenn ein bestimmtes Lied, das ein Protagonist in einem schönen Augenblick gehört hat, in einer schweren Stunde wieder erklingt und dann noch einmal, wenn die Geschichte ihrer Auflösung zustrebt. Oder die Musik in David Lynchs Filmen von Angelo Badalementi, der sich darüber äußerte: »Die Musik hat immer einen Bezug zu der Unschuld in solchen Szenen. Sie arbeitet immer gegen das, was eigentlich tatsächlich passiert. Insofern spielt sie eine enorm wichtige Rolle. Ich denke, wir beide, David und ich, arbeiten musikalisch gern gegen das, was zu sehen ist. Bei all den Konflikten, der Gewalt und der Rohheit ist die Musik der totale Gegensatz zu dem, was gerade vorgeht. Für mich ist das sehr aussagekräftig, weil es die Gegensätze, die Positionen deutlich macht.«

Auch Erzählmotive erhöhen die emotionale Spannung. In dem zweibändigen Roman *Heidi* von Johanna Spyri (1880/81) wirkt das Motiv, dass die an den Rollstuhl gefesselte Clara in der gesunden Berglandschaft wieder laufen lernt, stark emotionalisierend. Wenn ein geheimer, lang gehegter Wunsch auf überraschende Weise Erfüllung findet oder wenn sich in einer scheinbar ausweglosen Situation plötzlich eine Lösung andeutet, dann werden Gefühle geweckt.

Um Gefühle zu erzeugen, werden immer wieder vertraute Gefühlsschablonen verwendet. Solche Erzählmotive können sein:

- Mutterliebe: Eltern und Kinder geben sich nach einem langen Konflikt einen Liebesbeweis.
- Mitleid: Jemand zeigt einem unglücklichen Menschen Mitgefühl.
- Versöhnung: Ein Partner macht eine unerwartete Versöhnungsgeste.
- Wahrheit: Nach langen Lügen verrät ein Mensch den Betroffenen endlich die Wahrheit.
- Geschenk: Jemand erhält überraschend ein Geschenk, das er sich schon lange gewünscht hat.
- Scheitern und Erfolg: Ein begabter Mensch droht in seinem Projekt zu scheitern, hat aber am Ende doch noch Erfolg.

Anregung

Gefühlsschablonen einsetzen

1. Können Sie einem Text, den Sie bereits geschrieben haben, zusätzliche Spannung verleihen, indem Sie ein solches Motiv hinzufügen?
2. Versuchen Sie eine kleine Geschichte zu schreiben, in der einem einzelnen Wort eine Funktion des Leitmotivs zukommt.

5. Einzelne Motive

Erzählende Texte leben von Emotionen, sie bestimmen die Atmosphäre eines Werkes, seine Charaktere und ihre Handlungen. Selbst wenn unterschiedliche Arten von Gefühlen eingesetzt werden, gibt es meist einen emotionalen Schwerpunkt. Als Autor entscheiden Sie, welchen Rang Sie den einzelnen Emotionen zumessen. Vielleicht erkennen Sie auch, dass Sie eine Vorliebe für bestimmte Gefühlsarten haben, und möchten dies in einem künftigen Werk ändern? Oder Sie wollen über Gefühle schreiben, die Sie selbst noch nicht so intensiv erlebt haben, wie Sie Ihr Protagonist durchleben soll? Deshalb hier einige Beispiele aus der Literatur, die Ihnen einen Überblick über die Vielfalt emotionaler Schwerpunkte vermitteln sollen.

Liebe

Liebe ist mehr als ein Gefühl. Sie kann Emotionen wie Freude, Begeisterung, Sehnsucht, aber auch Trauer, Groll und Verzweiflung auslösen. Seit Jahrtausenden werden in der Literatur Liebesbeziehungen beschrieben, und jede Epoche sucht dazu nach neuen Formen. Im Mittelalter gehörte die Liebe zu Gott zum Leben und zeigte sich als Konflikt zwischen dem Wunsch nach persönlicher Liebeserfüllung und den Geboten der Kirche. Es wurde stets nach einer Vermittlung zwischen beiden gesucht. Dazu gehörten die Bereitschaft zu Demut und sogar Armut und zum Dienst am Nächsten. Die verlangte Hinwendung zur höheren Gottesliebe erlaubte zwar die Liebe in der Ehe, vorausgesetzt, sie wurde von den moralischen Grundsätzen der Kirche getragen. Heute dagegen wird in der Literatur eher das Scheitern, die Unmöglichkeit der Liebe thematisiert. Es werden Beziehungserwartungen und -hoffnungen beschrieben, die sich nicht erfüllen. Manchmal wird die erfüllende Liebe in der Literatur auch dem Trivialen zugeordnet.

Kein literarisches Thema ist so anfällig für Kitsch wie das der Liebe: Dort hat sie ihren Platz gefunden mit allem, was dazugehört, wie die Sehnsucht nach einer glücklichen und befriedigenden Partnerschaft, die allen Schwierigkeiten standhält durch alle Verwirrungen hindurch – bis sie am Ende belohnt wird. Das Happy End ist für den Leser umso beglückender, je mehr Hindernisse die Liebenden zuvor überwinden mussten. Im Trivialroman weiß man bald, welche Personen der Liebe würdig sind. Die Positivfiguren sind früh füreinander bestimmt, und Hindernisse lassen sich verhältnismäßig leicht ausräumen: Entweder stirbt der Widersacher und der Weg für den begehrten Liebhaber wird frei, oder es bestand von vornherein keine enge Bindung zu dem Konkurrenten und dem Glück steht nichts mehr im Weg.

In der anspruchsvollen Literatur geht es meist nicht ohne tiefen Schmerz und Verluste, die der Leser erlebt: Zur Liebe gehört immer auch ihre Unmöglichkeit. Trotz aller Nähe zu einem Partner droht die Distanz, die Fremdheit. Im Trivialroman hingegen werden Differenzen zumindest zum Ende hin wieder aufgehoben. Anleitungen zum

Genre der Liebeserzählung gibt Angeline Bauer in *Liebes-romane schreiben*, und wie man gelungene erotische Sze-nen schreibt, die nicht unfreiwillig komisch wirken, erklärt Elizabeth Benedict in ihrem Buch *Erotik schreiben*.

Anregung

Lesen Sie einen typischen Liebesroman. Fassen Sie den Inhalt und die Handlung (Plot) auf maximal einer Seite zusammen. Schreiben Sie die Geschichte neu, aber so, dass die Gegensätze der Protagonisten nicht mehr so ein-deutig schwarz-weiß gezeichnet und leicht durchschau-bar sind. Erfinden Sie ein neues Ende, verzichten Sie auf eine einfache Problemlösung (wie Tod durch Unfall des Gegenspielers). Machen Sie es sich nicht einfach!

Am Thema »Liebe« lässt sich besonders gut erkennen, wie menschliche Gefühlswelten in literarischen Motiven Gestalt annehmen können. In verschiedenen Varianten treten immer wieder verwandte Motive auf. Ein berühm-ter literarischer Topos ist die Trennung der Liebenden (es waren zwei Königskinder…). Ein anderes Motiv ist die Widersprüchlichkeit zwischen dem von Herzen erwählten und dem von den Eltern vorgeschriebenen Partner. Oder der Verzicht auf die Liebe zugunsten eines höheren Ideals (Entsagung).

Ein klassisches Motiv ist die Heilung oder Erlösung durch die Liebe. Hier sind die Voraussetzungen, die das Leben beherrschen, zunächst so negativ, dass eine positive Wen-dung kaum möglich scheint.

• Der Protagonist ist hässlich und verkrüppelt. Er ist – nach allgemeiner Auffassung – nicht der Liebe würdig.

Eine (meist schöne) Frau erkennt jedoch seine inneren Werte und liebt ihn dafür – obwohl er hässlich ist.

- Der Protagonist wird durch einen Dritten bedroht. Eigentlich ist ihm nicht zu helfen. Aber die Liebe seiner Partnerin ist größer als ihre Furcht vor dem Tod, was ihr hilft, sich zu bewähren und den Geliebten aus der Bedrohung zu befreien.

In grundlegender Form findet sich das Motiv in dem Kunstmärchen *Die Schöne und das Tier*, das um 1750 von der französischen Erzieherin und Kolumnistin J.M. Leprince de Beaumont verfasst worden ist. Man kann das Motiv tiefenpsychologisch deuten: Die Heldin ist ein Mädchen, das mit dem Vater durch eine innige geistige Liebe verbunden ist. Es reift heran, die Sexualität, die in die Vater-Tochter-Beziehung nicht hineingehört, schleicht sich ein. Der Vater versündigt sich, indem er der Tochter in dem fremden Park eine Rose bricht, was ihm nicht zusteht. Der Tochter hingegen begegnet der künftige Geliebte, der nicht ihr Vater ist, zunächst als schreckliche Bedrohung. Durch ihre Beziehungsfähigkeit und ihre persönliche Autonomie jedoch ist es ihr möglich, den verwunschenen Prinzen zu befreien, ihm als gleichberechtigte Partnerin gegenüberzutreten und mit ihm glücklich zu werden.

Auch in tradierten Märchen gibt es dieses Motiv. In *Jorinde und Joringel* von den Brüdern Grimm erlöst der Mann die Frau. In einem alten Schloss mitten im Wald haust eine Zauberin, die keusche Jungfrauen in Vögel verwandelt. Jorinde und Joringel, ein Liebespaar, kommt in die Nähe des Schlosses. Die Hexe verzaubert das Mädchen in eine Nachtigall. Joringel hält sich lange Zeit als Schä-

fer in der Fremde auf, bis er schließlich von einer blutroten Blume träumt, in deren Mitte sich eine schöne große
Perle befindet. Alles, was er mit dieser Blume berührt,
wird vom Zauber befreit. Wieder erwacht, macht er sich
auf die Suche und findet die Blume schließlich am neun-
ten Tag. Er kehrt zum Zauberschloss zurück und erlöst
Jorinde und die anderen in Vögel, die sich wieder in Menschen zurückverwandeln. Die treue Liebe, symbolisiert in
der blutroten Blume mit der Tauperle (Liebesleidträne) in
der Mitte, bricht den Bann.

In dem Jugendroman *Krabat* von Otfried Preußler findet
sich das Motiv wieder. In der Erzählung, die in Böhmen
während des Dreißigjährigen Krieges spielt, mischen sich
magische und realistische Elemente. Krabat, am Anfang
ein 14-jähriger Junge, verdingt sich als Lehrling bei einem
Müller, der insgesamt 12 Gesellen hat. Bald stellt sich heraus, dass der Müller ein Zauberer ist, der einer dunklen
Macht untersteht. Jedes Jahr muss er einen seiner Gesellen dem Teufel opfern, sonst ist er selber todgeweiht. Der
Bann kann nur gebrochen werden, wenn ein Mädchen
einen der Jungen, der sterben soll, durch die Kraft seiner Liebe erlösen kann. Zwei haben es schon versucht
und sind tragisch gescheitert. Krabat ist nach drei Jahren so geschickt und fleißig, dass der Müller ihn zu seinem Nachfolger machen will. Doch Krabat will den Bann
des Bösen mit Hilfe der Kantorka, dem Mädchen, das
er liebt, brechen und beenden. Sie bereiten sich auf die
Gegenüberstellung vor. Krabat vermutet, die Jungen sollen in Raben verwandelt werden, und die Kantorka soll
den richtigen herausfinden. Dem Mädchen werden die
Augen verbunden, und so muss sie zweimal an der Reihe

der Gesellen entlanglaufen, um ihren Geliebten herauszufinden. Und tatsächlich gelingt es ihr, Krabat blind zu erkennen: »›Wie hast du mich‹, fragte er, (...) ›unter den Mitgesellen herausgefunden?‹ ›Ich habe gespürt, dass du Angst hattest‹, sagte sie, ›Angst um mich: Daran habe ich dich erkannt.‹«

Gegen Ende des 20. Jahrhunderts wird das Motiv gern ironisch aufgegriffen. 1980 erschien Svende Merians *Bestseller Der Tod des Märchenprinzen*. Darin möchte eine »linke Frau, 24, gerne unmännliche Männer, gerne jünger, kennenlernen«. Mit einem Gedicht meldet sich Arne, 26 Jahre, autonomer AKW-Gegner. Doch schnell stellt sich heraus, dass Arne dem Wunschbild der Erzählerin nicht entspricht. Sie versucht zwar mit allen möglichen Mitteln, aus dem »Frosch« einen Prinzen zu machen, doch am Schluss geht die Beziehung dann doch auseinander. In der feministischen Variante der 80er-Jahre las sich das Motiv dann so: Frauen, versucht nicht, euch die Männer so hinzubiegen, wie ihr sie gerne hättet, sondern akzeptiert, dass sie sind, wie sie sind, und beschäftigt euch mit Wichtigerem als mit der großen Liebe.

Grundsätzlich handelt es sich um ein Motiv voller Gefühlstiefe, das vorwiegend im Bereich des Märchens oder in der Trivialliteratur auftaucht, so zum Beispiel in *Angélique* von Anne Golon. Hier wird die junge Frau mit einem hässlichen Grafen verheiratet, der später zu ihrer großen Liebe wird. Stark emotionsbesetzte Motive, vor allem die mit einem glücklichen Ende, sind in der gehobenen Literatur nicht oft zu finden.

Anregung

1. Schreiben Sie eine Kurzgeschichte über zwei Menschen, von denen einer für den anderen große Zuneigung empfindet, der andere nimmt jedoch diese Liebe
   nicht an. Durch einen überraschenden Einfall gelingt
   es dem Verschmähten, den geliebten Partner auf sich
   aufmerksam zu machen und seine Gefühle zu ändern.

2. Entwerfen Sie eine unsympathische Gestalt, die der
   Liebe nicht würdig zu sein scheint. Erfinden Sie für
   diese Figur ein Liebesglück.

Freude, Glück, Zufriedenheit

Kann ein Text von Leichtigkeit und Fröhlichkeit getragen sein, ohne dass er dabei einfältig oder undifferenziert
wirkt? Glücklich macht uns ein ersehntes Happy End, ein
erfüllter Wunsch, eine gelingende Liebe. Aber über Freude,
Glück und Zufriedenheit literarisch zu schreiben, ist alles
andere als einfach – es könnte Kitsch werden. Positiven
Gefühlsthemen wie der Liebe haftet oft etwas Tragisches
an, wenn die Liebe nicht erfüllt wird. Über Erfüllung und
Glück schreibt es sich nicht so einfach, wenn man nicht
trivial werden will. Am glaubwürdigsten gelingt es, wenn
Sie positive Gefühle mit Problemen konfrontieren, aber
der positiven Seite die Oberhand lassen. Probieren Sie es
einmal:

- Liebe wird erwidert.
- Vertrauen wird nicht enttäuscht.

- Menschen stehen füreinander ein.
- Verletzungen werden vermieden.
- Eine Stimmung der Geborgenheit ist vorherrschend.
- Farben und Formen, Dinge in der Umgebung, werden positiv erlebt.

Man kann über Freude, Glück und Zufriedenheit schreiben, ohne oberflächlich zu sein und ohne eine heile Welt zu konstruieren. Das kann man durch einen positiven Grundton erreichen, ohne dabei den Blick für die Realität zu verlieren. Die angenehmen Gefühle verkörpern sich in der Schönheit von Wahrnehmungen und Details. Ereignisse und Erlebnisse erfahren eine positive Bewertung. Dies ist Judith Hermann in ihrer Erzählung »Die Liebe zu Ari Oskarsson« gelungen, die in dem Band *Nichts als Gespenster* (2003) enthalten ist. Zwei junge Musiker, Owen und die Ich-Erzählerin, reisen nach Norwegen zu einem Musikfestival, zu dem sie eingeladen waren, das dann aber mangels Nachfrage kurzfristig geplatzt ist. Sie bleiben trotzdem und lernen interessante Leute kennen, unter anderem Ari Oskarsson und seine Frau Sikka. Die Ich-Erzählerin ist froh darüber, mit Owen keine Liebesbeziehung zu haben, sondern einfach befreundet zu sein. Dann kommt es dazu, dass Owen mit Sikka flirtet und die Erzählerin mit Ari. Für kurze Zeit ist die Atmosphäre von einem unruhigen, unbehaglichen Gefühl durchdrungen, am nächsten Morgen gibt es Katerstimmung. Aber die Situation entspannt sich. Erinnerungen an die Nacht bleiben zurück, auch Sehnsuchtsgefühle, aber es gibt keine tiefergehenden Probleme, keine Tragik. Die Freude an der Schönheit Norwegens und die Lust am Unterwegssein überwiegen. Owen und die Erzählerin lachen über die Liebesschwüre, die sie nachts den anderen gemacht haben, und freuen sich daran, dass ihre Beziehung unkompliziert ist. Natürlich gibt es Einschränkungen in der Zufriedenheit – »Und bevor ich das hätte greifen können, diese Traurigkeit unter der Lust, darüber zu lachen, warf Owen seine Arme hoch und schrie, und ich sah in den Himmel...« – aber die leichte, hingetupfte Sprache, die die Freude an den Naturschönheiten trägt, setzt sich durch, wie die Sonne an einem mäßig bewölkten Tag – als beide das Nordlicht sehen: »... und das, was ich für eine grüne Wolke hielt, fing plötzlich an zu zerfließen. Es zerfloss und zitterte und wurde heller und heller und war ein großer Wirbel über den ganzen Himmel in allen Farben, leuchtend und schön.«

Es sind nicht die objektiven Qualitäten, sondern die subjektive Zufriedenheit, die mit Glück im Zusammenhang steht. Das gilt auch für literarische Figuren. Im wirklichen Leben stehen oft Faktoren im Vordergrund, die für das literarische Werk zweitrangig sein können: Lebenspartner, Selbstachtung, Finanzen, beruflicher Erfolg, Freundschaften, Eigentum, Gesundheit, Freizeitgestaltung, Wohnverhältnisse, Familienbeziehungen. Beim literarischen Charakter hingegen liegt die Tendenz anders. Entspannung, Erleichterung, Glück treten ein, wenn der Protagonist ein Ziel erreicht, ein Rätsel gelöst, eine Selbstüberwindung vollbracht, einen Reifungsprozess gemeistert oder eine wichtige Erkenntnis gewonnen hat. Im literarischen Text kann der Sympathieträger einsam und verarmt zurückbleiben, doch dabei für sich selbst so gewonnen haben, dass er zufrieden und glücklich ist.

Ein Happy End muss nicht das totale Glück verheißen. Die Andeutung eines glücklichen Ausgangs liegt oft schon in der Hoffnung, die sich zum Beispiel einstellt, wenn ein Problem gelöst ist, aber offenbleibt, wie es weitergeht. Ein hoffnungsvolles Ende kann so aussehen: Zwar sind nicht alle Wünsche des Protagonisten erfüllt, aber er sieht für sich eine Zukunft. Zwar kehrt das Verlorene nicht wieder, aber die Hauptfigur kann sich mit ihrem Schicksal anfreunden. Zwar ist die Lage immer noch ernst, aber eine schöne Landschaftsatmosphäre oder eine zärtliche Berührung schenken der Person Freude. Hoffnung bedeutet, dass es weitergeht oder dass ein neuer Anfang möglich wird. In einem hoffnungsvollen Ende klingt die Freude am Leben an.

Hoffnungsvolle Ausklänge einer Erzählung:

»Er sagte so leise, dass nur er selber es hören konnte: Sabine. Sabine sagte sofort und laut: Ja. Also, sagte er. Also, sagte sie. Durch dieses Hin und Her hatten sie zu der Lautstärke gefunden, die für sie beide die richtige war. Jetzt konnte er anfangen. Er fing an mit dem zweiten Ferientag, als er im Bad vor dem Spiegel stand, das Rasieren hinter sich hatte, aber nicht aufhören konnte, sein Gesicht mit einer unauflöslichen Mischung aus Missgunst und Genuss zu betrachten.« (Martin Walser, *Brandung*)

»Einer geht fort, dachte er, und einer kommt. Und er trank noch einen Grappa und freute sich auf Marietta und das Kind.« (Elke Heidenreich, »Richard«, *Kolonien der Liebe*)

»Unter freiem Himmel ein Fußballspiel oder Feuerwerk anzugucken, das wäre jetzt das Richtige, und so habe ich keine Tasche mitgenommen, in der Jeans aber alle meine Sachen verteilt, Hausschlüssel, Zigaretten, Feuerzeug, ein paar Euro, einen Hühnergott.« (Jana Hensel, *Zonenkinder*)

Anregung

Denken Sie an ein Ereignis, das sie in letzter Zeit besonders erfreut hat. Schildern Sie es mit den literarischen Mitteln, die Ihnen zur Verfügung stehen (zum Beispiel Blick aufs Detail, Spannung zwischen positiven und negativen Gefühlen). Aber achten Sie darauf, dass die positiven Gefühle die vorherrschende Atmosphäre in Ihrem Text behalten.

Sehnsucht

Sehnsucht hat ein Ziel, sucht Erfüllung und damit Zufriedenheit. Sehnsucht zu beschreiben, macht den Leser neugierig, denn er teilt das Verlangen des Protagonisten und bangt mit ihm, ob seine Sehnsucht befriedigt wird.

Charakteristisch für die Sehnsucht ist
* ein starkes Verlangen;
* die Abwesenheit einer Person, eines Ortes;
* Unruhe, Rastlosigkeit;
* Wiederholung bestimmter Handlungen;
* fehlendes Interesse für die gegenwärtige Umgebung.

Ernste Literatur thematisiert oft die Unvollkommenheit des Menschen und seiner Lebensbedingungen und damit seine Schmerz- und Mangelgefühle, seine Erfahrungen von Einsamkeit und Isolation. Erfüllung, Liebe und Freude sind selten, doch sie sind das Ziel der Sehnsucht. Im Zeitalter des Idealismus gehörten die Sehnsucht als Gefühl und das Streben nach höheren Idealen zusammen. So glaubten Friedrich Schiller und auch Goethe an die ideale Vollkommenheit, der das Kunstwerk entsprechen sollte. Doch im Zuge der Säkularisierung und Industrialisierung nahmen diese Vollkommenheitsansprüche ab. Sehnsucht ist ein bleibendes literarisches Motiv, aber seine Darstellungen ändern sich. In ernster Literatur wird die Sehnsucht selten erfüllt. Meist steht am Ende der Verzicht und die Einsicht, dass die Sehnsucht ein ständiger Begleiter bleibt.

Ein klassischer Text, der die Sehnsucht zweier Liebender zum Thema hat, ist die Erzählung *Das Erdbeben von Chili*, die Heinrich von Kleist 1807 zuerst in Cottas »Morgenblatt für gebildete Stände« unter dem Titel »Jeronimo und Josephe« veröffentlicht hat: Die Nonne Josephe, die ein uneheliches Kind erwartet, soll enthauptet werden. Jeronimo, ihr Geliebter, ersehnt die Rettung: »Er warf sich vor dem Bildnisse der heiligen Mutter Gottes nieder, und betete mit unendlicher Inbrunst zu ihr, als der einzigen, von der ihm jetzt noch Rettung kommen könnte.« Überraschend findet sein Verlangen Erfüllung, denn ein Erdbeben, das die Stadt erschüttert, verhindert die Hinrichtung. Aber noch weiß er dies nicht, sondern macht sich auf die Suche nach der Geliebten: »Jeden Berggipfel, auf dem sich die Menschen versammelt hatten, besuchte er, auf allen Wegen, wo sich der Strom der Flucht noch bewegte, begegnete er ihnen; wo nur irgendein weibliches Gewand im Winde flatterte, da trug ihn sein zitternder Fuß hin: Doch keines bedeckte die geliebte Tochter Asterons.« Die Sehnsucht wird erfüllt: »Er durchlief, unschlüssig, was er tun sollte, die einzelnen Gruppen derselben und wollte sich schon wieder wenden, als er plötzlich, an einer Quelle, die die Schlucht bewässerte, ein junges Weib erblickte, beschäftigt, ein Kind in den Fluten zu reinigen. Und das Herz hüpfte ihm bei diesem Anblick: Er sprang voll Ahndung über die Gesteine herab und rief: O Mutter Gottes, du Heilige! und erkannte Josephen, als sie sich bei dem Geräusche schüchtern umsah. Mit welcher Seligkeit umarmten sie sich, die Unglücklichen, die ein Wunder des Himmels gerettet hatte.«

Aber die Sehnsucht findet nur kurzfristig Erfüllung. Jeronimo und Josephe sterben am Schluss der Geschichte. Sie werden als Sünder und Verursacher des Erdbebens verflucht, und es kommt zu einem chaotischen Massaker, das die Erlösung wieder aufhebt.

Ein modernerer Text, in dem die Sehnsucht lebendig und personifiziert wird, ist *Der kleine Prinz* von Antoine de Saint Exupéry. Der kleine Prinz, der von einem fernen Planeten stammt und überall auf Erkenntnis- und Sinnsuche ist, entspricht der Sehnsucht des Ich-Erzählers, der mit seinem Flugzeug in der Wüste abgestürzt ist, mit sich selbst ins Reine zu kommen. Sehnsucht wird hier mit der Einsicht verknüpft, dass ein Sichverlieren in der Sehnsucht sinnlos ist. Und am Ende steht ein Verzicht: der Abschied des kleinen Prinzen.

Orte der Sehnsucht liegen oftmals in der Ferne (Paradiese) oder sind mit der Suche nach den eigenen Wurzeln verbunden. Ein solches emotionsbeladenes Motiv ist die Heimat als räumliche Einheit, mit der der Mensch besondere Verbundenheit und Zugehörigkeit empfindet. Heimat wird meist als der Ort verstanden, an dem der Mensch lange Zeit gelebt hat, oder als Ursprungsort, dem der Mensch entstammt. Die Heimat hat ihn geprägt, Sprache und Regeln des Zusammenlebens sind ihm vertraut. Für Menschen mit Flucht- und Migrationserfahrung bleibt die Heimat, die sie verlassen haben, oft das Ziel ihrer Sehnsüchte. Der Verlust der Heimat und die damit verbundene Sehnsucht nach einer vergangenen Zeit ist sowohl in der Nachkriegs- als auch in der Migrationsliteratur ein häufiges Thema. Viele Werke deutschsprachiger Autoren aus Migrationsländern thematisieren die verlorene Heimat als zwiespältige Idylle. Als einen Ort, den man zwar vermisst, aber an dem man unter den gegebenen Verhältnissen nicht leben möchte. Die »Fremde«, in der sich das weitere Leben abspielt, wird wiederum zum Ausdruck für die Disharmonie und Unvollkommenheit der tatsächlichen Lebenswirklichkeit.

In der Gegenwartsliteratur erscheint Sehnsucht brüchig, Pathos wird meist bewusst vermieden. Die Sehnsucht offenbart sich ungern, Einschränkungen und Ablenkungen unterbrechen immer wieder. Sie erscheint weniger absolut und doch nicht weniger eindringlich als in den klassischen Werken. In dem Roman *Der Schwimmer* von Zsusza Bánk (2002) sehnt sich ein Mädchen nach seiner Mutter, die 1965 aus Ungarn in den Westen geflohen ist und ihre Familie zurückgelassen hat. »Ich hatte wenige Erinnerungen an meine Mutter. Im Grunde kannte ich sie nur von Fotos, die mein Vater in einem kleinen Kasten aufbewahrte. (…) Ich schaute mir die Bilder häufig an. Es gab Zeiten, in denen ich nichts anderes tat.« Gespiegelt durch die Sicht des Kindes wird erzählt, wie der Vater seine Frau vermisst: »Mein Vater hinterließ seine Fingerabdrücke, und ich wischte sie weg, wenn ich die Fotos aus der Kiste nahm. Ein Bild mochte er besonders. Es zeigte meine Mutter auf dem Feld. Sie hatte Essen in einer Blechkanne dabei. Ihr Kopftuch hatte sie unter dem Kinn zusammengebunden, und ihre freie Hand hielt sie wie einen Schirm über die Augen. Sie trug Sandalen, deren Bänder sie um die Knöchel gebunden hatte. Niemand trug damals Sandalen, schon gar nicht auf dem Feld. Mein Vater gab dieses Bild nicht aus den Händen. Er lag damit auf der Küchenbank, starrte zur Decke und rauchte. Nicht einmal den Hund hörte er dann, der laut vor ihm bellte. Meinen Bruder Isti und mich schaute er an, als seien wir Fremde.«

In diesem Text mischen sich Sehnsucht mit Trauer und Enttäuschung, da die Mutter den Mann und die Kinder verlassen hat und nicht wiederkommen wird. Das Betrachten der Fotos, das liebevolle Erinnern an bestimmte Details, die geistige Abwesenheit des Vaters und die fehlende Aufmerksamkeit für die Menschen in seiner unmittelbaren Umgebung sind Indizien dafür, dass er von seiner Sehnsucht ganz eingenommen ist.

Sehnsucht lässt sich eindeutig und direkt oder beschreibend ausdrücken wie beispielsweise »Er vermisste sie« oder »Warum war er denn immer noch fort?«. In der Literatur wird die Sehnsucht eher indirekt beschrieben.

Fragen Sie sich: Was tut ein Mensch, der Sehnsucht hat? Wie verhält er sich? Er verliert vielleicht den Appetit, verhält sich für seine Umgebung auffällig, versucht seine Sehnsucht zu überspielen. Er geht auf die Suche wie Jeronimo, oder er lebt passiv in einer Traumwelt, in der sich seine Sehnsucht erfüllt.

Anregung

1. Stellen Sie sich vor, ein Mensch, den Sie sehr lieben, ist weit fort. Seine Rückkehr verzögert sich. Schreiben Sie ihm einen Brief.

2. Sammeln Sie Ideen zu dem Stichwort »Heimweh«, bis Ihnen eine überzeugende Situation einfällt – aus Ihrem eigenen Leben oder auch erfunden. Schreiben Sie eine Geschichte und lesen Sie sie anschließend. Prüfen Sie, ob Ihr Text das Gefühl der Sehnsucht authentisch vermittelt.

Eifersucht und Neid

Eifersucht und Neid sind nagende Gefühle, denen etwas Negatives innewohnt. Neidisch sind wir, wenn wir einem anderen nicht gönnen, dass er es (vermeintlich) besser hat als wir.

Eifersucht dagegen empfinden wir, wenn ein anderer uns vorgezogen wird. Beiden Gefühlen ist gemeinsam, dass sie etwas Zehrendes an sich haben. Sie streben nach Befriedigung. Die Erfüllung kann darin liegen, das Defizit auszugleichen, den Mangel zu beheben, oder aber darin, den Widersacher zu schädigen und dadurch Genugtuung zu finden. François Lelord und Christophe André beschreiben in ihrem Buch *Die Macht der Emotionen* (2005) als typisch für einen eifersüchtigen Menschen:

• Er überwacht den Partner ständig und übt Kontrolle aus.
• Er schränkt den Partner ständig ein und verhindert dessen Kontakte.
• Er versucht den Partner abzuwerten, wertet sich aber im Grunde genommen selbst ab.

Die eifersüchtige Gefühle können sehr verschieden sein. Zorn und Furcht herrschen meistens vor, es kann aber auch zu Traurigkeit oder Schamgefühlen kommen. Beim Neid unterscheiden die beiden Autoren zwischen depressivem Neid, feindseligem Neid und bewunderndem/ nacheiferndem Neid. Für den neidischen Menschen ist typisch:

• Er vergleicht seine Lage mit der des anderen.
• Er empfindet eine Atmosphäre der Vergiftung, der Neid ist »wie ein Stachel«.
• Er strebt danach, den anderen abzuwerten, um sich selbst zu erhöhen.

Eifersucht und Neid sind klassische Themen der Literatur. Ein Prototyp ist *Othello* von William Shakespeare. Der dunkelhäutige Othello ist ein erfolgreicher Feldherr. Darum wird er von dem venezianischen Edelmann Jago beneidet. Als Othello dann auch noch den jungen Adligen Cassio zum Leutnant macht – was Jago eigentlich für sich reklamiert hätte – intrigiert er gegen ihn. Er bringt Othello auf den Gedanken, seine Frau Desdemona betrüge ihn mit Cassio – und Othello wird rasend vor Eifersucht. Am

Ende ersticht er seine Frau, die er doch so sehr liebt. Feridun Zaimoglu, der zusammen mit Günter Senkel das Stück 2004 neu übersetzt hat, erkennt in dem Drama rassistische Züge, denn der schwarzhäutige Othello bleibt ein Negativheld, dem es nicht gelingt, die Situation zu durchschauen und seiner Gefühle Herr zu werden.

In der modernen Übersetzung klingt Othellos Ausbruch, als ob Eifersucht heute nur so ausgedrückt verstanden würde:
»Othello: ...Solch eine Hurensau wie du ist mir aber noch nicht untergekommen.
Desdemona: Ich bin keine Nutte! Du bist die Nutte! Ich hasse dich!
Othello: Schrei, so viel du willst. Vielleicht tue ich dir Unrecht. Vielleicht verwechsle ich dich mit der venezianischen Soldatendirne, die mit dem Negergeneral Schoko verheiratet ist.«
Deutlich hört man die Gefühlswallungen, die heftigen Vorwürfe und die Unterstellungen heraus, die für Eifersucht typisch sind.

Und so lautet es in einer älteren Übersetzung von Wolf Heinrich Graf Baudissin (1950), die stärker an das Original angelehnt ist:
»Desdemona: Grausamer Tod, der nur um Liebe tötet!
– Ach, warum nagst du so die Unterlippe? Dein ganzer Bau erbebt in blut'ger Wut. Das sind Vorzeichen, doch ich hoff', ich hoffe, sie deuten nicht auf mich!
Othello: Schweig und sei still!
Desdemona: Ich schweige, was begehrst du?
Othello: Das Tuch, das ich so wert hielt und dir schenkte, du gabst es Cassio.«

Während die Eifersucht stark vom Vorwurf geprägt ist, geht der Neid oft mit Verschlagenheit einher. Jago äußert sich bösartig über Othello, aber nicht in nackter Wut, sondern er verschleiert seine Gefühle. So klingt der Neid in der Übersetzung von Feridun Zaimoglu:

»Jago: ... Unser General hat es eilig, sich mit seiner schönen Braut vertraut zu machen. Deshalb hat er uns so früh eingeteilt, ich will ihm nicht böse sein. Stellen Sie sich vor, was muss Schoko an Körperbeherrschung aufbringen, dass ihm auch keiner die animalische Lust anmerke. Mit Verlaub – unser einer würd den Kopf unter Wasser halten immer wieder.«

Und so hört es sich in der älteren Übersetzung an:
»Jago: Dass Cassio sie liebt, das glaub ich wohl;
dass sie ihn liebt, ist denkbar und natürlich.
Der Mohr (obschon ich ihm von Herzen gram)
Ist liebevoller, treuer, edler Art (...)
Weil ich vermute, dass der üpp'ge Mohr
Mir ins Gehege kam und der Gedanke
Nagt wie ein fressend Gift in meinem Innern.
Nichts kann und soll mein Herz beruhigen, bis ich ihm wett geworden Weib um Weib.
Oder, schlägt dies mir fehl, bring' ich den Mohren in Eifersucht so wilder Art, dass nie Vernunft sie heilen kann.«

Othello wird vielfach zitiert, so auch in der Novelle *Erste Liebe* von Iwan Turgenjew (1860), die in der Übersetzung von Ena von Baer (2005) vorliegt. Hier identifiziert sich der 16-jährige Volodja in einer Situation mit Othello, in der er sich bei seiner eigenen Eifersucht ertappt. Er hat sich in die 22-jährige Tochter seines Nachbarn verliebt, besucht das Mädchen auch häufiger, das stets von einer ganzen Schar von Verehrern umringt ist. Volodja spürt, dass sich ihr Herz einem anderen zuwendet – aber wem? Seine Eifersucht ist noch sehr kindlich. »… Der eifersüchtige, zu jedem Mord bereite Othello verwandelte sich plötzlich in einen Schuljungen …«. Als er erfährt, dass Sinaida sich in seinen eigenen Vater verliebt hat, muss er dies erst verarbeiten. Aber es gelingt ihm. Weitaus bitterer ist die Eifersucht der Mutter.

»Als ich eines Tages nach einem längeren Spaziergang zum Mittagessen zurückkehrte, erfuhr ich zu meiner Überraschung, dass ich allein essen würde, da mein Vater abgereist sei und Mutter sich schlecht fühle, nicht zu essen wünsche und sich in ihrem Zimmer eingeschlossen habe. Die Gesichter der Diener verrieten mir, dass etwas Außergewöhnliches geschehen war. (…) Von ihm erfuhr ich, dass es zwischen meinem Vater und meiner Mutter eine furchtbare Szene gegeben habe. (…) Meine Mutter hätte dem Vater Untreue und seine Bekanntschaft mit dem Nachbarfräulein vorgeworfen, Vater hätte sich gerechtfertigt, schließlich aber im Zorn ein hartes Wort gesagt, ›anscheinend über ihr Alter‹, worüber die Mutter geweint und ihn an den Wechsel, den sie der alten Fürstin gegeben, erinnert hätte, wobei sie sich sehr schlecht über das junge Fräulein und sie geäußert habe. Da hätte Vater gedroht. Und das ganze Unglück sei durch einen anonymen Brief gekommen, fuhr Philipp fort. Man wisse nicht, wer ihn geschrieben habe, sonst hätte es keinen Anlass gegeben, diese Dinge ans Tageslicht zu bringen.« So knapp wird das Eifersuchtsdrama zwischen den Eltern zusammengefasst.

Klassische Eifersuchtsszenen sind kein neuartiges literarisches Motiv. Wenn Sie über Eifersucht schreiben wollen, sollten Sie etwas anderes suchen als die ewig gleichen Szenen, wie:

- Sie stellt ihm nach und lässt ihn durch einen Privatdetektiv beschatten.
- Er trifft in der Bar auf seinen Nebenbuhler und es kommt zur Auseinandersetzung.
- Die Partnerin wird mit dem Liebhaber in flagranti ertappt. Es gibt eine heftige Auseinandersetzung.
- Die Partnerin findet die Liebesbriefe ihrer Nebenbuhlerin in den Unterlagen ihres Ehemannes – gähn.

Anregung

1. Schreiben Sie eine kleine Geschichte über den *Neid*. Stellen Sie sich zwei Nachbarn vor: Der eine hat ein Haus mit Garten und ein schickes Auto, ist glücklich verheiratet mit Frau und Kindern und erfolgreich im Beruf. Der andere wollte mit ihm gleichziehen, hat sich aber nun verschuldet und muss sein Haus verkaufen. Die Frau ist ihm weggelaufen und hat die Kinder mitgenommen. Der Nachbar, der alles hat, lädt den anderen gutmeinend zu einer Gartenparty ein. Wird er kommen? Und, wenn ja, mit welchen Gefühlen? Wie wird er reagieren? Mit Resignation oder mit Aggression?

2. Machen Sie es wie Feridun Zaimoglu und kleiden Sie einen älteren Text über die Eifersucht in ein neues sprachliches Gewand, zum Beispiel die Erzählung *Der Findling* (1811) von Heinrich von Kleist.

Trauer

Trauer wird meist durch eine große seelische Erschütterung ausgelöst, der die Stille des Schmerzes folgt. Trauer ist oft die Reaktion auf den Verlust einer Person oder eines Lebensumstandes. Schon die Dichter der Antike haben über die Trauer geschrieben. Der römische Dichter Catull, der aus Verona stammte und im ersten vorchristlichen Jahrhundert lebte, verfasste ein Gedicht zum Tode seines Bruders mit dem Titel »Am Grabe des Bruders«. Darin heißt es unter anderem:

»Bin durch zahlreiche Völker und zahlreiche Meere gefahren,
Komm nun, Bruder, hierher, traurige Spende zu weih'n,
(...)
Jetzt jedoch nimm hier indes, was ich nach der Sitte der Väter –
Ach, ein so traurig Geschenk! – als meine Spende dir geb!
Nimm's, wie's noch mit Tränen benetzt, von dem weinenden Bruder!
Und nun auf ewig somit, Bruder, leb wohl und ade!«

Im Mittelalter gab es Rituale, die Trauer und Tod in den Alltag mit einbezogen. Sie sollten vor zu starker Individualisierung der Trauer und damit vor Vereinsamung schützen. Der französische Kulturwissenschaftler Philippe Ariès meint, dass der Tod in den Ritualen aufgehoben war und der Verlust des Einzelnen in der Gruppe relativiert werden konnte. So wurde der Tod »gezähmt«. Auch wurde der Tod personifiziert – wer kennt nicht den

Knochenmann mit der Sense? – und bot so die Möglichkeit der direkten Auseinandersetzung. Dass die Trauer um
den geliebten Menschen damals ebenso schmerzhaft war
wie heute, belegt *Der Ackermann* von Johannes von Tepl
aus dem späten 14. Jahrhundert, in dem ein Witwer seine
Trauer um die geliebte Frau mit Worten beschreibt, die
man auch heute noch nachfühlen kann: »Also jagt mich
der Wind, ich treibe dahin durch des wilden Meeres Flut,
die Wogen haben überhand genommen, mein Anker haftet nirgends.« Ackermann tritt in seiner Verzweiflung mit
dem Tod in Dialog, der die Gegenposition vertritt, Schmerz
und Trauer seien zu nichts nütze. Er beginnt seine Trauerbewältigung mit einer Abwägung zwischen seinem Stand-
punkt und dem des Todes.

Man kann auch um die verlorene Jugend trauern, den
Verlust der Schönheit, die vertanen Chancen im Leben.
Doch die Urerfahrung des Verlustes ist der Tod eines
geliebten Menschen. Erst in der Zeit der großen gesell-
schaftlichen Veränderungen, der Industrialisierung wurden Tod und Lebensalltag getrennt. Dadurch wurde die
Trauer individualisiert als Erlebnis des Einzelnen und ist
heute eng mit der Einsamkeit verbunden. Die gesellschaft-
lichen Rituale, die uns zum Trauern zur Verfügung stehen,
offenbaren sich im Rückzug aus der Öffentlichkeit in den
engeren Familienkreis.

Zur Trauer gehört die Stille, die Nacht und die Erinnerung.

In der Gegenwartsliteratur wird Trauer oft durch die
Beschreibung von körperlichen und seelischen Zustän-
den vermittelt. Herrad Schenk schildert in ihrem Buch
Das Haus, das Glück und der Tod (1998) die Zeit, in

der sie und ihr Mann ein Haus gekauft und gemeinsam darin gelebt haben, bis er plötzlich gestorben ist. Einige Monate nach seinem Tod lebt sie nun im Haus allein, und sie beschreibt ihre große Einsamkeit: »Um mich herum ist eine große gesammelte Stille, in der sogar der Wind den Atem anhält. Die Schleiereule kommt erst später, zwischen Mitternacht und drei Uhr morgens – und da fällt mir auf, dass ich sie schon einige Zeit nicht mehr gehört habe.« Der Text erzählt von den Wahrnehmungen der Nacht, der absoluten Stille, die dem Verlust gefolgt ist.

Die Sprache der Trauer thematisiert den Verlust, das Fehlen des Menschen, um den man trauert. Tränen sind ein Ausdruck von Trauer, aber es gibt auch andere erzählerische Mittel, einen Zustand zu beschreiben, in dem die Lebenswelt aus den Fugen geraten, der Umgang mit dem Vertrauten tief erschüttert wurde. Die Sprache der Trauer ist leidenschaftlich; oft eruptive, hypersensible Wahrnehmung wechseln mit Stumpfheit und Gefühlstaubheit, alltägliche Wahrnehmungen lösen Verzweiflung und Schmerzempfindungen aus.

So klingt die Schilderung der akuten Trauer in dem Beispiel von Michaela Seul in deren Buch *Leben ohne Leander*:

»Wie träumend, stumpf, dumpf, wankend, balancierte ich durch die Wohnung. Stürzte mal links hinunter, dorthin, wo die Verzweiflung hauste, stürzte mal rechts hinunter, dorthin, wo die Dankbarkeit glühte. Spürte wenig. Überall Watte. Manchmal grelle Blitze. Aber sie prallten ab am Panzer der Starre. Nichts hatte mehr Gültigkeit.«

Dagegen Herrad Schenk *in Das Haus, das Glück und der Tod*:

»Es ist, als ob ein Vorhang reißt, der Vorhang vor dem Zentrum der Dinge, einen Augenblick schaut man in das glühende Innere der Welt, in die blendende Schneewüste des Nichts, und wird dann wieder zurückgeschleudert. Es sind riesige überbelichtete Bilder, die in meinem Bewusstsein aufbewahrt sind, in einem Zwischenreich.«

Trauer scheint anfangs unüberwindbar, später ergeben sich sehr langsam doch Perspektiven. Die Trauerpsychologie kennt verschiedene Phasen:
1. Der Schrecken des unmittelbaren Verlusterlebnisses.
2. Der Moment des Schocks, des Nichtwahrhabenwollens.
3. Die Phase des Zorns und des Grolls über den ungerechten Verlust.
4. Die Phase der Einsamkeit und der Resignation.
5. Ein Herantasten ans Leben, ein Neubeginn.

Anregung

Schreiben Sie einen Text, der sich an diesen Phasen orientiert. Der Schrecken des Verlusts steht am Anfang, es folgt die Zeit der Verarbeitung und am Ende steht eine neue Perspektive. Ihr Text kann aber auch mit einer Trauererfahrung enden, zum Beispiel nachdem sich eine Hoffnung zerschlagen hat.

Überlegen Sie, welches Verhalten für die verschiedenen Trauerphasen bei plötzlichem Verlust, Todesfall eines geliebten oder verehrten Menschen typisch sein können:

Schock –   Zusammenbruch, Hysterie, Versteinerung, Hyperaktivität, Reisen, Lebenshunger, Ablenkung jeder Art.

Zorn – aggressives Verhalten gegenüber Mitmenschen, Zerstörungswut.

Resignation – innerer Rückzug, Zwiesprache mit der verstorbenen Person, Depression, Schlaflosigkeit, Leeregefühl, Leere, Gefühllosigkeit, Selbstaufgabe.

Neubeginn – Resignation, Fatalismus, Prozess der Versöhnung mit sich selbst, Suche nach neuer Perspektive.

Doris Dörrie hat in *Das blaue Kleid* (2002) eine zarte und poetische Erzählung über den Verlauf einer Trauerbewältigung geschrieben. In der fiktiven Handlung verbindet sie zwei Menschen, die um einen geliebten Partner trauern: Der Schneider Florian trauert um seinen Lebensgefährten Alfred, der an Krebs gestorben ist. Die schüchterne Babette hat ihren Mann Fritz auf einer gemeinsamen Reise nach Bali durch einen Kreislaufkollaps verloren. Um sich zu trösten, kauft Babette bei Florian ein blaues Kleid. Der aber will es von ihr zurückkaufen, weil viele seiner Erinnerungen daran hängen. Sie lernen sich kennen, und es entwickelt sich eine Freundschaft. Babette lernt außerdem Thomas kennen, mit dem sie zurückhaltend versucht, eine neue Beziehung einzugehen, die aber immer durch Fremdheits- und Trauergefühle überschattet ist. Babette reist mit Florian nach Mexiko, wo die »Tage der Toten« als großes Festival gefeiert werden. Am Schluss tröstet sich Florian mit einem mexikanischen jungen Mann, und Thomas, dem sie viele Briefe geschrieben hat, überrascht sie mit seinem Besuch. Die Reise nach Mexiko hat bei Babette zur Trauerbewältigung beigetragen, jetzt kann sie Thomas' Zuneigung unbefangener annehmen.

Doris Dörrie setzt etliche Kunstgriffe ein, um aus dem Gefühlsthema »Trauer« eine spannende Geschichte zu entwickeln: Ein besonderes Stilmittel dabei ist, dass sie zwei Geschichten miteinander verwebt. Die Erzählperspektive wechselt bei Babette zwischen der »Sie«-Form und der »Ich«-Form. In die fortschreitende Handlung werden immer wieder Rückblenden eingeflochten, die vom gemeinsamen Leben mit den Partnern und ihrem Sterben handeln. Ein anderer Kunstgriff ist die Wahl eines Leitmotivs. Das blaue Kleid, das auch den Titel gibt, wird zum Schlüssel für den Auftakt der Erzählung und die Verbindung der beiden Hauptfiguren Babette und Florian. Im zweiten Teil der Erzählung sind in Kursivschrift Babettes Briefe an Thomas eingefügt, die den Erzählfluss durchbrechen, aber auch ergänzen. Nicht zuletzt sorgt die detaillierte Beschreibung von zwei Reisen (Bali und Mexiko) für interessanten Stoff innerhalb der Erzählung.

Leitmotive und ungewöhnliche Details können genutzt werden, um den Verlustschmerz darzustellen, ohne auszusprechen, was man verloren hat, denn das lässt sich nicht mit wenigen Worten beschreiben. Um den Schmerz literarisch zu betonen, sprechen also Details oder auch Gegenstände, die Assoziationen und Gefühle auslösen. Wie beispielsweise eine Krawattennadel Erinnerungen an den verstorbenen Vater auslösen und als literarische Anspielung an die Trauer um den Vater eingesetzt werden kann. (Sie nahm die Nadel in die Faust und umschloss sie fest, da spürte sie, wie die Nadelspitze in ihre Handfläche stach).
   Dabei sollte man jedoch möglichst allzu schlichte, weil zu naheliegende Klischees vermeiden (Mutters Schürze,

Vaters blankgeputzte Schuhe), sondern nach den ungewöhnlichen, unverbrauchten Metaphern suchen.

In der Erzählung »Leben ohne Leander« von Michaela Seul ist es ein Kühlschrank, der das Fehlen des Gefähr-
ten schockierend spürbar macht: »Zu Hause entdeckte
ich, dass der Kühlschrank nicht mehr funktionierte. Fas-
sungslos starrte ich auf diese Minikatastrophe. Leander,
Leander! Das Telefon klingelte. Fast hysterisch nahm ich
ab. Es waren meine Eltern, und ich rief: Der Kühlschrank
ist kaputt, der Kühlschrank, und dann schüttelte mich
ein schreckliches Weinen. Mein Vater versuchte mich
zu beruhigen. Du hast bald Geburtstag, sagte er, kauf dir
einen Kühlschrank. Sofort! Als Geschenk.

Aber Leander, rief ich.

Ich hätte gesagt: Leander, ich glaube der Kühlschrank
ist kaputt, und er hätte nachgesehen, und in Kürze wäre
der Schaden behoben gewesen. Aber jetzt! Ich war drei-
unddreißig Jahre alt und der defekte Kühlschrank über-
forderte mich.«

Anregung

Stellen Sie sich einen Menschen vor, der trauert. Was
ist der Grund für seine Trauer, was hat sie in diesem Augenblick ausgelöst? Schildern Sie sein physisches Befinden, wie reagiert sein Körper auf den Verlust? Wie wirkt
die Umgebung auf ihn, was ist anders als früher? Haben
Gegenstände eine besondere Bedeutung für ihn? Womit
beschäftigt er sich? Beginnen Sie mit den Worten: Als die
Trauer ihn (oder: sie) überwältigte …

Wut

Wut und Zorn richten sich nach außen. Texte, die Wut und Zorn thematisieren, können buchstäblich verletzen wie ein Faustschlag. Ein Wutgedicht zu schreiben, kann befreien: Man schreibt sich Zorn und Ärger von der Seele, versucht eine poetische Schimpfkanonade. Die Sprache der Wut ist aufgeladen mit Aggression und Abwehr, mit Angriff und Gegenwehr. Zum Vokabular der Wut gehören Wörter wie hassen, zerstören, vernichten, kaputtmachen, angreifen.

In folgendem Textauszug aus Rolf Schneiders Roman *Das Glück* (1974) ist die latente Aggression der Protagonistin Hanna gegen ihre Lebensumstände spürbar: »Sie kam aus einem zerbröckelnden, stinkenden, ungeordneten Zuhause. Sie musste sich um eine Schar kleiner ungewaschener Kinder kümmern, ihre Halbgeschwister. Das erschöpfte sie … Jeden Nachmittag, an dem sie sich davonstahl, raubte sie ihren Geschwistern. Sie war eigennützig. Sie hasste ihr Zuhause. Sie war ratlos. Sie war gierig.«

In der deutschen Nachkriegsliteratur der 50er- bis 70er-Jahre hat politische Wut einen festen Platz. Das hat Werner Brettschneider in seinem Buch *Zorn und Trauer* (1981) herausgearbeitet. Die Auswirkungen des Krieges mit ihren bis in die Gegenwart hinein erkennbaren Folgen werden in der Literatur häufig angesprochen. Dabei bewegt die Schriftsteller besonders die Frage nach Schuld und Verantwortung der nachwachsenden Generation. In dem Gedicht »landessprache« von Hans Magnus Enzensberger, das sich an das geteilte Deutschland richtet, ist die Wut auf die deutschen Verhältnisse durch Wörter wie »geschiedene«, »verrufen« und vor allem durch den Schlussausruf eindeutig herauszuhören.

»...meine zwei länder und ich, wir sind geschiedne leute,
und doch bin ich inständig hier,
in asche und sack, und frage mich:
was habe ich hier verloren?«

Hässlich, ungeordnet, unausgewogen, uneben, stechend, voller Reibungen – solche Adjektive passen zu einer Atmosphäre, in der sich Wut und Zorn darstellen lassen. Hans Magnus Enzensberger schrieb über eine Sprache, die dem Zornempfinden angemessen ist: »Zwischen Hyperbel und Andeutung, Übertreibung und Understatement, Ausbruch und Ironie, Raserei und Kristallisation, äußerster Nähe zum glühenden Eisen des Gegenstandes und äußerster Entfernung von ihm fort zum Kältepol des Bewusstseins ist die Sprache einer unausgesetzten Probe zu unterziehen.«

Das Gedicht »Adolf Hitler ganz allein« von Kurt Bartsch aus dem Jahr 1984, von dem wir einen Auszug abdrucken, findet sich in einem Sammelband von Hilde Domin und Clemens Grewe. In dem Gedicht wird die Wut über die blinde Gefolgschaft der Deutschen gegenüber Hitler ausgedrückt:

»Adolf Hitler ganz allein
Baute er die Autobahn
Keiner trug ihm einen Stein
Keiner rührte Mörtel an.

(…)
Keiner hat es kommen sehn,
Jeder hielt sich ferne.
Alle ließen es geschehn,
Aber, ach, nicht gerne.

Adolf Hitler, ganz allein
Musste sich erschießen.
Außer ihm hatte kein Schwein
Einen Grund, zu büßen.«

Ein knappes Versmaß, eine knappe Sprache, Bilder aus
dem alltäglichen Leben suggerieren hier Harmlosigkeit
und Spott, tatsächlich aber spricht aus ihnen Sarkas-
mus und Zorn. Die Zeile »Aber, ach, nicht gerne« zeigt
unverhohlene Verachtung gegenüber den Mitläufern. Die
Wendung »außer ihm hatte kein Schwein einen Grund,
zu büßen« zeigt Emphase. Durch die Umkehrung von
Gesagtem und Gemeintem wird zugleich angedeutet, dass
die lockere Form des Gedichts im Gegensatz zur Schwere
des Ausgesagten steht. Knappheit, Kürze, Expressivität
sind geeignete sprachliche Mittel, um Wut zum Ausdruck
zu bringen.

Allerdings: Die Aufzählung von Appellen macht noch
kein Gedicht. Auch Hans Magnus Enzensberger hat auch
vor politischen Zweckgedichten gewarnt: »Das Gedicht
spricht mustergültig aus, dass Politik nicht über es verfü-
gen kann: Das ist sein politischer Gehalt.«

Um den Leser anzusprechen, muss Wut nicht drastisch und
direkt ausgesprochen werden. Man kann Anteilnahme,

Empörung und Zorn auch allein durch die Beschreibung beispielsweise von Unrecht, mitleidlosem Verhalten oder unmenschlichen Verhältnissen erreichen.

Anregung

Was macht Sie wütend, was bringt Ihre Freunde zu Wutausbrüchen? Schreiben Sie einen Text, der Ihre Wut direkt ausspricht. Benutzen Sie den Imperativ (Befehlsform), verwenden Sie Ausrufezeichen!

Danach versuchen Sie einen Text zu schreiben, in dem Sie Ihre Wut indirekt darstellen. Schreiben Sie eine Geschichte über ein Unrecht, das nicht gesühnt wird. Fragen Sie sich, was Ihre Leser empfinden. Lesen Sie Ihren Text anderen vor!

Ekel

Ekel ist verbunden mit Abscheu und Widerwillen, oft als Reaktion auf etwas, das unseren Geruchs- und Geschmackssinn oder dem ästhetische Empfinden unerträglich ist. Im biologischen Sinne kann Ekel eine Reaktion auf Vergiftetes, Fäulnis und Verwesung sein.

In der Literatur wird Ekel als Stilmittel mit herangezogen, um Phänomene wie Vergeblichkeit, Überdruss, Isolierung, Hoffnungslosigkeit zu beschreiben. Die literarische Darstellung des Ekels findet sich besonders im Werk von Franz Kafka, der wenige Worte oder Erklärungen braucht, um eine Situation darzustellen, die wir als ekelerregend empfinden. Es hinterlässt einen Eindruck von Sterblichkeit. Bei Kafka liegt der Ekel nicht in großen Worten oder einem naheliegenden Ekel vor Exkrementen, Eiter oder Kadavern, sondern der Ekel zeigt sich in seinen Beschreibungen, die spitzfingrig sind, so, als könne man die Dinge nur mit der Zange anfassen.

1938 erschien von Jean-Paul Sartre der Roman *Der Ekel* als Tagebuch des fiktiven Geschichtsforschers Antoine Roquentin. In einer Passage darin schildert er, wie Roquentin sich mit einem »Humanisten« unterhält, der ihn davon überzeugen will, er liebe die Menschen. Roquentins heftiger Widerwille entwickelt sich im Laufe des Dialogs:
»Man muss die Menschen lieben. Die Menschen sind bewundernswert. Ich möchte kotzen – und mit einem Schlag ist er da: der Ekel.
Eine richtige Krise: Das schüttelt mich von oben bis unten. Seit einer Stunde sah ich sie kommen, nur wollte ich es mir nicht eingestehen. Dieser Käsegeschmack in meinem Mund ... Der Autodidakt plappert, und seine Stimme summt leise an meinen Ohren.«
Roquentins Ekel wird aber weniger durch den Käse als durch die Verlogenheit seines Gegenübers ausgelöst.
Sartres »Ekel« gilt als Schlüsseltext für den Existentialismus und impliziert die Erkenntnis, dass alles um uns herum einfach da ist, dass es gleichgültig ist, ob es unangenehm ist oder schön, und dass wir ihm nicht ausweichen können. Sein Ekel entsteht, weil er die Menschen und Gegenstände illusionslos und unbarmherzig realistisch betrachtet.

Ein bekanntes Werk der neueren Literatur, das den Ekel geradezu zum Mittelpunkt des Romans macht, ist *Das Parfüm* von Patrick Süskind (1985), das 2006 verfilmt wurde. Die Wahrnehmung der Leser soll sich ganz auf den Geruchssinn konzentrieren – der historische Schauplatz unterstützt die Absicht, da mit einem solchen Hintergrund kaum Wohlgerüche kaum zu erwarten sind:

»Hier nun, am allerstinkendsten Ort des gesamten Königreiches, wurde am 17. Juli 1738 Jean-Baptiste Grenouille geboren. Es war einer der heißesten Tage des Jahres. Die Hitze lag wie Blei über dem Friedhof und quetschte den nach einer Mischung aus fauligen Melonen und verbranntem Horn riechenden Verwesungsbrodem in die benachbarten Gassen.«

Hier wird der Widerwille als Instrument eingesetzt.
Die Assoziationswörter des Ekels sind eindeutig: faulig, quetschen, stinken. Und in der nächsten Zeile geht es gleich weiter:

»Grenouilles Mutter stand, als die Wehen einsetzten, an einer Fischbude in der Rue aux Fers und schuppte Weißlinge, die sie zuvor ausgenommen hatte.«

Die Vorstellung von toten Fischen, Tierkadavern aller Art, von Eingeweiden (in der sengenden Sommersonne) verstärken die Ekelgefühle. Süskind komprimiert hier die Ekelauslöser in einer Weise, die grotesk wirkt. Spielerisch werden die Ekelfaktoren mit den negativen Seiten der Menschen verknüpft: Der Protagonist Grenouille, dessen Begabung die sensible Unterscheidungsfähigkeit von Gerüchen ist, hetzt als Getriebener durchs Leben und wird durch seine geniale Fähigkeit zum Einzelgänger und besessenen Mörder.

Es gibt natürlich auch unterhaltende Varianten des Ekels, die fast spielerisch Gruselgefühle einsetzen wie in der fantastischen Literatur. Und besonders bedient sich der Film solcher Figuren und Darstellungen wie zum Beispiel Monster, die eigentlich eklig sind, denen man aber auch sympathische Züge geben kann.

Anregung

Schreiben Sie über Ekel, steigern Sie sich so richtig ins Thema hinein, seien Sie am Schreibtisch einmal von Herzen widerlich. Das kann befreien. Beschreiben Sie hemmungslos ausgiebig, was in Ihnen Ekelgefühle wecken könnte. Und: Lassen Sie sich etwas Neues einfallen!

Vorsicht: Achten Sie darauf, dass Sie die Darstellung des Ekelhaften nicht übertreiben. Das bloße Auflisten von Ekelfaktoren kann ungewollt lächerlich wirken. Werden diese dagegen überspitzt, kann der Leser einen ästhetischen Abstand vom Widerlichen nehmen – oder es als Stilmittel wie bei Kafka oder Sartre akzeptieren.

Angst und Grauen

Angst ist ein überwältigendes Gefühl, das Gefühl von Ohnmacht und Ausgeliefertsein. In der Literatur wird dieses Gefühl eingesetzt, um Spannung zu erzeugen. Der Autor spielt mit der Fantasie, den Assoziationen und Erwartungen des Lesers. Angst als Unterhaltung finden wir in allen Genres, besonders natürlich im Horror-Genre. Gespenster, Vampire, künstliche Menschen, Monster aller Art bevölkern die Literatur und den Film. Beim Leser wird Furcht und Schrecken erzeugt, meist bleibt jedoch ein Abstand, der den Schrecken erträglich macht: das Wissen, dass es Fiktion ist.

In Science-Fiction-Romanen können dem Horror auch ganz realistische Ängste zugrunde liegen, etwa vor einem für den Menschen nicht mehr kontrollierbaren medizinischen und technischen Fortschritt.

Das Grauen entsteht durch eine unmittelbare Bedrohung, ergänzt von Attributen des Unheimlichen wie Dunkelheit oder Gewitter, von Urängsten wie dem Versinken, Ertrinken, Verbrennen oder dem Bewusstsein einer unbestimmten Gefahr. Dazu gehört als psychologische Komponente auch die Verwandlung von Menschen, Freunden, denen man vertraut hat und die sich plötzlich verändern, fremd erscheinen. Wo Schutz, Geborgenheit und Hilfe erwartet wird, scheint nur noch Bedrohung. Der vermeintlich Gute zeigt sich unberechenbar. Der Boden rutscht unter den Füßen weg, man verliert den Halt.

In Mary Shelleys *Frankenstein* (1818) verkörpert der künstliche Mensch das Böse. Bei *Dr. Jekyll und Mr. Hyde* von Robert Lewis Stevenson (1886) ist es die Abspaltung von moralischen und amoralischen Persönlichkeitsanteilen, die zur Genese der Gruselgestalt Mr. Hyde führt. Dr. Frankenstein erschrickt vor dem Monster, das er selbst erschaffen hat, das nun andere tötet und das er nicht kontrollieren kann.

»Ein Blitz erleuchtete die Gestalt und ließ mich deutlich seine Konturen erkennen; seine riesenhafte Statur und Ungeschlachtheit, grässlich in ihrer Unmenschlichkeit, überzeugten mich sofort, dass es das Monstrum war, der widerliche Dämon, dem ich das Leben geschenkt hatte. Was wollte er hier? War er womöglich der Mörder meines Bruders? Kaum war mir der Gedanke durch den Kopf geschossen, da war ich von seiner Wahrheit überzeugt. Mir klapperten die Zähne, und ich war gezwungen, Halt an einem Baum zu suchen.«

Direkte Verbindungen zu Angst und Grauen wie zum Beispiel Unwetter, Blitz und Donnerschläge kommen uns heute altmodisch vor, dennoch sind solche Techniken, wie sie auch Stephen King benutzt, vergleichbare Übersetzungen für Bedrohung und Angst.

In dem Roman *Es* (1986) sieht sich das Mädchen Beverley plötzlich von ihrem Vater bedroht: »›Ich…ich werd’ nicht lügen, Daddy‹, sagte sie. ›Was ist los?‹ Sie sah ihn jetzt nur noch verschwommen, weil sie Tränen in den Augen hatte. ›Warst du mit einer ganzen Horde Jungs unten in den Barrens?‹ Ihr Herz machte einen Riesensatz, und sie starrte wieder auf seine schmutzverkrusteten Stiefel. Der klebrige schwarze Schlamm … Wenn man zu tief hineintrat, saugte er einem den Schuh vom Fuß … und sowohl Bill als auch Richie glaubten, wenn man ganz hineingeriete, würde er einen verschlingen. ›Ich spiele manchmal dort und …‹ *Klatsch!* Seine harte, schwielige Hand landete wieder auf ihrer Wange. Sie schrie vor Schmerz und Furcht auf. Sein Gesichtsausdruck machte ihr Angst, und ebenso die Tatsache, dass er sie nicht ansah. Etwas stimmte nicht mit ihm. In letzter Zeit war es immer schlimmer geworden … und mit neuem Entsetzen wurde ihr klar, dass das so war, seit die Morde in Derry begonnen hatten …«

Hier mischt sich das Gefühl der Bedrohung und der Verunsicherung der Tochter gegenüber dem Vater. Stephen King setzt Ekel und vor allem die Angst vor dem Unberechenbaren ein. Das Verhalten einzelner Personen wird mit der Bedrohung, die über dem ganzen Dorf liegt, verknüpft. Mit »etwas stimmte nicht« und dem vagen Hinweis auf die Morde wird eine Gefahr angedeutet – ein besonders wirkungsvolles Mittel, um Angst zu erzeugen.

Todesangst ist die stärkste Form von Angst. Die Angst um das nackte Leben wurde von Edgar Allan Poe in seiner Geschichte »Die Grube und das Pendel« (1842) zu Literatur gemacht. Hier arbeitet Poe mit Dunkelheit, Bewegungsunfähigkeit, Enge – alles Angstauslöser. Der nicht näher benannte Ich-Erzähler ist in die Hände der spanischen Inquisition geraten und in ein Foltergefängnis gesperrt. Erst denkt er, er befinde sich in einem Grab, aber noch kann er sich bewegen. Der Druck wird gesteigert. Nach einem schweren Schlaf findet er sich gefesselt auf einem Holzbrett wieder. Über ihm bewegt sich ein metallenes Pendel mit scharfer Schneide, das langsam tiefer kommt. Die Bedrohung durch das langsame herabsinkende Pendel löst Todesangst aus. Es gibt kein Entrinnen:

»Was nützt es, von den langen, langen Stunden eines grausigeren denn Todesgrauens zu sagen, in denen ich die immer schneller schwirrenden Schwingungen des Stahls zählte! Zoll um Zoll – Strich um Strich – nur merklich in den Abständen, die wie Ewigkeiten anmuteten, senkte er sich tiefer und tiefer. Tage vergingen – viele Tage mochten gar vergangen sein -, ehe er so dicht über mir schwang, dass er mich mit seinem beißenden Atem umfächelte. Der Geruch des scharfen Stahls drang mir in die Nase. Ich betete – ich quälte den Himmel mit meinem Gebet, das

Pendel möge doch schneller herabsinken. Wilder Wahnsinn packte mich, und mit aller Kraft versuchte ich, mich aufzubäumen, dem Streich des grässlichen Krummsäbels entgegen. Und dann ward ich plötzlich ruhig, lag da und lächelte dem glitzernden Tode zu wie ein Kind einem seltenen Spielzeug.«

Er bekommt nichts zu trinken, und über sein Gesicht laufen die Ratten. Diese werden ihm schließlich zur Rettung – sie zerfressen die Bänder, die ihn gefesselt haben, nachdem er sie mit Öl eingerieben hat. Doch auf die kurze Erlösung folgt der nächste Schrecken: Die Figuren an den Wänden schauen ihn mit glühenden Dämonenaugen an und beginnen zu glühen. Die Wände des Kerkers verengen sich zu einem Rhombus, der sich immer dichter um den Bedrängten zusammenzieht ...

Die Geschichte endet mit einer Befreiung: Der Ich-Erzähler wird von den Engländern gerettet. Welche Erleichterung! Sonst hätte er seine Geschichte nicht erzählen können!

Hier werden alle Stilmittel, um Angst nachfühlbar zu machen, eingesetzt: die Ohnmacht als Gefesselter, die Enge, die sich noch weiter zusammenzieht, die lebensbedrohliche Hitze, Hunger und Durst, Ungeziefer, Ausgeliefertsein, keine genaue Kenntnis der Peiniger.

Auch Texte, die andere Themen in den Mittelpunkt stellen, können an Spannung gewinnen, wenn man Angstszenen einarbeitet. Angst als Leitmotiv finden wir in dem Roman *Effi Briest* von Theodor Fontane (1894). Effis Alltag an der Seite des Baron Geert von Innstetten, den die gerade 17-Jährige auf Wunsch der Eltern geheiratet hat, verläuft ruhig. Deshalb nutzt der Schriftsteller symbolische Auslöser. Als die Jungvermählte sich nach der Hochzeitsreise mit ihrem Mann seinem Gut in Kessin nähert, fahren sie an einem Friedhof vorbei:

»›Ach, das ist ja entzückend, Geert. Du sprichst immer von Nest, und nun finde ich, wenn du nicht übertrieben hast, eine ganz neue Welt hier. Allerlei Exotisches. Nicht wahr, so etwas Ähnliches meintest du doch?‹ Er nickte. ›Eine ganz neue Welt, sag' ich, vielleicht einen Neger oder einen Türken, oder vielleicht sogar einen Chinesen.‹ ›Auch einen Chinesen. Wie gut du raten kannst. Es ist möglich, dass wir wirklich noch einen haben, aber jedenfalls haben wir einen gehabt; jetzt ist er tot und auf dem kleinen eingegitterten Stück Erde begraben, dicht neben dem Kirchhof. Wenn du nicht furchtsam bist, will ich dir bei Gelegenheit mal sein Grab zeigen; es liegt zwischen den Dünen, bloß Strandhafer drum rum und dann und wann ein paar Immortellen, und immer hört man das Meer. Es ist sehr schön und sehr schauerlich.‹

›Ja, schauerlich, und ich möchte wohl mehr davon wissen. Aber doch lieber nicht, ich habe dann immer gleich Visionen und Träume und möchte doch nicht, wenn ich diese Nacht hoffentlich gut schlafe, gleich einen Chinesen an mein Bett treten sehen.‹«

Das Motiv des toten Chinesen wird nur beiläufig eingefügt, aber es wird im Laufe der Erzählung immer wieder aufgegriffen. Wenig später erscheint nämlich der Chinese als Bild wieder: »Es befanden sich hier vier einfenstrige Zimmer, alle gelb getüncht; gerade wie der Saal, und ebenfalls ganz leer. Nur in einem standen drei Binsenstühle, die durchgesessen waren, und an die Lehne des einen war ein kleines, nur einen halben Finger langes Bildchen geklebt, das einen Chinesen darstellte, blauer Rock mit gelben Pluderhosen und einen flachen Hut auf den Kopf.«

Dieses Bild verfolgt Effi bis in die Träume. Von ihrem Mann wird sie oberflächlich über diese Ängste hinweggetröstet. Zu einem späteren Zeitpunkt beginnt sie zu ahnen, dass ihr Mann sie mit dem unterschwelligen Schüren von Ängsten klein halten und beherrschen will. Aber da ist es schon zu spät: Effi, inzwischen junge Mutter, erliegt der Verführung durch Major Crampas, womit ihr späteres Schicksal bestimmt ist.

Effi Briest ist ein gutes Beispiel dafür, wie ein Angstmotiv eingeführt und langsam aufgebaut wird, um spätere tragische Ereignisse anzukündigen. Das wiederkehrende Angstmotiv reflektiert gleichzeitig auch den psychischen Zustand von Effi Briest, deren Umgebung und Leben nach außen hin heil zu sein scheint. Aber die Bedrohung wird bereits empfunden, und im Inneren der jungen Frau breitet sich schon Angst und Unbehagen aus. Das Angstmotiv dient auch dazu, die Willkür des Angstmachers, ihres Mannes, zu zeigen, denn der Chinese ist gar nicht der wahre Angstauslöser, Effi überträgt ihre diffuse Angst nur auf ihn. Die junge Frau ist auf dem Landgut sehr einsam und von ihrem Mann abhängig, und ihre Angst hat ihren Ursprung darin, dass sie fürchtet, ihr Leben nicht mehr bestimmen zu können.

Nicht zuletzt zeigt das Motiv des Chinesen die historische Entwicklung von Charakteren in der Literatur und deren Einsatz, um damit Emotionen zu wecken. Heute wirken Menschen mit anderer Hautfarbe und Herkunft keinesfalls mehr so exotisch und verunsichernd wie damals auf ein behütetes Mädchen aus dem 19. Jahrhundert.

Als Angstmotive können Autoren alles auftreten lassen, was dunkle Fantasien auslöst oder bedrohlich und angsteinflößend wirkt: Dunkelheit, Leere, Enge, Tiefe, Druck, Farben, körperliche Entstellung, unerklärliche Begegnungen Oft werden solche Motive symbolisch eingesetzt, um eine tiefliegendere Angst, um die es in der Geschichte eigentlich geht, anzudeuten. Solche Motive können sein:

- ein morsches Schiff
- ein leerer Zug oder Bus
- ein Schlüsselloch
- ein Brandfleck
- ein kreisendes Flugzeug
- ein Messer
- eine Säge
- eine schwere Tür
- ein leeres Zimmer
- ein gotisches Fenster
- ein Gesicht ohne Augen
- eine Maske
- eine Puppe
- ein Ventilator hinter einer Gitterwand
- ein enger Aufzug

Wenn Sie über Angst schreiben, Horror und Schrecken spürbar machen wollen, dann vergessen Sie auf keinen Fall die Erleichterung, die Entspannung. Der Leser ist mit Ihrer Figur verbunden und identifiziert sich womöglich ständig mit ihr. Literarische Spannung lebt von dem

Wechsel zwischen Hochspannung und Entspannung. Dies gilt ganz besonders für die Gefühle wie Angst und Erleichterung.

A n r e g u n g

Entscheiden Sie sich für eines der Angstmotive. Schreiben Sie eine Geschichte, in der Sie dieses Motiv mehrfach auftreten lassen. Führen Sie es unauffällig ein und lassen Sie es an unerwarteter Stelle wiederkehren.

Überlegen Sie, ob sich die Angst auf schreckliche Weise bestätigt oder ob es einen Ausweg und Rettung geben kann.

Schuld und Scham

Der Grund für Schuld- und Schamgefühle sind oft gesellschaftliche Normen und Regeln, noch dazu wenn Sozialnormen und private Gefühle sich nicht vereinbaren lassen. Schuld und Scham sind immer schon große Themen erzählender Literatur. Sie können sich mit geschichtlicher Aufarbeitung verknüpfen, aber auch mit individualpsychologischen Prozessen. In Theaterstücken und Ehebruchsromanen des 19. Jahrhunderts wie *Anna Karenina* (Leo N. Tolstoi), *Madame Bovary* (Gustave Flaubert) oder *Effi Briest* (Theodor Fontane) ist die Frage nach der Schuld von großer Bedeutung.

Scham und Schuld, erklärt der Philosoph Richard Wollheim, sind moralische Gefühle. Oft haben sie ihren Ursprung im Entstehen und Vergehen von Wünschen oder Handlungen, die ethisch oder gesellschaftlich nicht akzeptiert werden und die man im Nachhinein nicht verantworten möchte. Auch auf dieser Basis kann Scham entstehen, ebenso wie das, was man ist oder zu was man sich entwickelt hat, zu Scham führen kann.

Moralische Gefühle sind eng an die Werte der jeweiligen Kultur und Epoche gebunden. Für die Griechen im Altertum war das beschämendste Verbrechen der Vatermord, für uns sind es heute Missbrauch und der Mord an Kindern. Ein Schuldgefühl setzt ein schlechtes Gewissen, das Empfinden, etwas Falsches getan zu haben, voraus. Sich für etwas zu schämen, verbindet sich mit dem Gefühl, bloßgestellt, nackt, der Verachtung anderer preisgegeben zu sein. Schamgefühle stehen in vielen Kinder- und Jugendgeschichten im Mittelpunkt. Ein Lehrer stellt einen Schüler für einen Fehler oder ein unangemessenes Verhalten vor den Mitschülern bloß. Das Kind schämt sich, vor der ganzen Klasse entlarvt oder lächerlich gemacht worden zu sein. Später, als Erwachsener, wird es sich daran erinnern, und selbst nach Jahren wird es die Scham wie damals empfinden. Auch Sexualität ist oft ein Grund für Schamgefühle – verbunden mit zu viel Freizügigkeit oder ungewollter Enthaltsamkeit.

In dem Roman *homo faber* von Max Frisch (1957), der im 20. Jahrhundert angesiedelt ist, wird Schuld und Scham sehr deutlich thematisiert: Ein Mann, der mitten im Leben steht, wird von einer früheren Schuld eingeholt. Walter Faber, fünfzigjährig, Ingenieur, glaubt, dass technischer Verstand ausreicht, um das Leben zu bewältigen. Seine menschliche Schuld aus der Vergangenheit bestand darin, dass er seine Freundin Hanna, die ein Kind erwartete, verlassen hat, weil sie Halbjüdin war. Kern der Geschichte ist ein schicksalhaftes Ereignis, das die Konfrontation mit jener alten Schuld auslöst. Auf einer Schiffsreise begegnet er einer jungen Frau mit Pferdeschwanz, die ihn fasziniert. In Paris sucht Faber erneut eine Begegnung mit ihr. Nicht ahnend, dass Sabeth seine Tochter ist, kommt es zu sexuellen Begegnungen. Sie setzen die Reise gemeinsam fort. Die Schuld holt Faber ein. In Griechenland wird Sabeth von einer Schlange gebissen und stirbt an den Folgen eines Sturzes. Im Krankenhaus begegnen sich Walter und Hanna wieder. Nun hat er das Leben seiner Jugendfreundin ein zweites Mal zerstört.

Der Roman wird als Bericht in vielen Rückblenden erzählt. Zum Zeitpunkt des Erzählens weiß der Protagonist zwar um seine Schuld, will sie aber nicht wahrhaben. Ständig rechtfertigt er sich, immer wieder zweifelt er daran, dass Sabeth seine Tochter ist:

»Ich war nicht verliebt in das Mädchen mit dem rötlichen Rossschwanz, sie war mir aufgefallen, nichts weiter, ich konnte nicht ahnen, dass sie meine Tochter ist, ich wusste ja nicht einmal, dass ich Vater bin. Wieso Fügung?«

Aber sein Unwissen, seine Ahnungslosigkeit entbinden ihn nicht von der Schuld. Er sinniert und hadert über Zufall und Schicksal:

»Hanna hat immer schon gewusst, dass ihr Kind sie einmal verlassen wird; aber auch Hanna hat nicht ahnen können, dass Sabeth auf dieser Reise gerade ihrem Vater begegnet, der alles zerstört.«

Die Einsicht von Schuld und die Schuldgefühle selbst sind jedoch keine Sühne, ein Wiedergutmachen ist nicht möglich.

Schuldgefühle werden oft metaphorisch durch ein »dunkles Geheimnis« dargestellt, etwas aus der Vergangenheit, das von anderen entdeckt oder offenbart wird, weil es mit einem anderen Ereignis, das davon eigentlich unabhängig ist, zusammentrifft.

Überlegen Sie: Welche Schuld hat Ihr Protagonist in der Vergangenheit auf sich geladen? Wie lebt er heute? Welches Unglück könnte ihm widerfahren? Wie lässt sich dieses Unglück mit seinem Verhalten oder der Tat von damals in Verbindung bringen?

In der ernsten Literatur geht es oft um Untiefen in unserer Seele, die durch ein schuldhaftes Ereignis an die Oberfläche kommen. In der Unterhaltungsliteratur dagegen sind Schuld und Unschuld auf Positiv- und Negativhelden aufgeteilt. Lajos Egri empfiehlt in seinem Klassiker *Literarisches Schreiben*, nicht nur einen Protagonisten, sondern stets auch einen Gegenspieler, der den Helden herausfordert und bedrängt, auftreten zu lassen. Im Antagonisten sollten alle schlechten Eigenschaften, die mit Scham- und Schuldgefühlen verbunden sein können wie beispielsweise Skrupellosigkeit und Berechnung, Intriganz, Grausamkeit versammelt sein. Dabei unterscheidet man zwei Tätertypen: Die einen handeln eher spontan aus einem Affekt heraus, getrieben von plötzlicher Rachsucht oder cholerischer Aggression. Die anderen planen ihre Taten sorgfältig, beinahe genussvoll, und kalkulieren die Risiken mit ein. Beide können zu Mördern, Vergewaltigern, Folterern, Verleumdern werden – reine Bösewichter, die kaum wissen, was Schuldgefühle sind. Der Affekt-Täter, der bereut, hat jedoch die Chance, als Reumütiger zu überzeugen. Er wird gern in Krimis vorgeführt, in denen das Tatmotiv psychologisch dargestellt wird: Der Leser oder Zuschauer entwickelt Verständnis für die Beweggründe des Täters und kann sich in ihn hineinversetzen, ja sogar mit ihm sympathisieren.

Ähnlich wie bei den Angstgefühlen weiß der Leser, dass es nur vermittelte Empfindungen sind. Der Tod im Krimi ähnelt dem Tod eines entfernten Bekannten, der einem zwar leid tut, aber nicht wirklich berührt. Das Böse, das man bis zu einem gewissen Grad in sich trägt, wird nach außen verlagert in einen fremden Täter, mit dem man sich sogar identifizieren kann, wenn man ihn nicht gemeinsam mit dem Positivhelden (Detektivin, Kommissar) verfolgt.

Die Welt im Roman oder Kriminalfilm ist erkennbar fiktiv, wenn auch inspiriert von der Wirklichkeit. Sie bietet jedoch die Möglichkeit einer Rechtfertigung durch die Ästhetisierung der Gründe für einen Mord wie etwa im Roman *Das Parfüm*. Darin wird dem Leser das Handeln des Mörders durch die Erklärung seiner Geburt, seiner ungewöhnlichen Gabe und Obsession menschlich verständlich gemacht. In Thomas de Quinceys Essay *Der Mord als schöne Kunst betrachtet* heißt es: »Wie Statuen, Gemälde, Oratorien, Kameen und Schnitzwerke, so unterscheiden sich auch Morde durch feine, künstlerische Nuancen.«

Anregung

Schreiben Sie über einen Menschen, der von einer früheren Schuld eingeholt wird.

1. Er lebt in geordneten Verhältnissen; seine Schuld wurde nie entdeckt:
   - ein Totschlag oder Mord,
   - ein Autounfall mit Fahrerflucht,
   - das Betrügen des Partners,
   - das Aussetzen eines Kindes,
   - die Unterschlagung einer größeren Geldsumme im Betrieb.

2. Ein Zufall löst Erinnerungen aus und führt zu Problemen:
   - Eein unerwarteter Brief oder Anruf,
   - ein unerwarteter Gast,
   - eine Begegnung mit einem früheren Bekannten,
   - eine Zufallsbegegnung, die sich im Nachhinein als verhängnisvoll erweist.

3. Der Protagonist muss durch ein schicksalhaftes Ereignis für seine Schuld sühnen:
   - Bestrafung durch Polizei oder Gericht,
   - Erpressung durch einen Dritten,
   - der Täter bleibt unentdeckt, wird aber von seinem Gewissen geplagt,
   - der Protagonist bekommt die Möglichkeit zu einer späten Wiedergutmachung und Versöhnung.

Machen Sie mit Hilfe der drei Punkte einen Arbeitsplan. Schildern Sie dann zunächst den Alltag Ihres Helden und lassen Sie ein ungewöhnliches Ereignis über ihn hereinbrechen. Welches Geheimnis wird gelüftet? Welche Gefühle löst die Erinnerung an eine früher begangene Schuld aus? Angst? Trotz? Wie schwer plagen ihn die Selbstvorwürfe und Schuldgefühle? In welche Richtung wollen Sie Ihre Figur steuern? Wollen Sie sie bestrafen oder rehabilitieren? Soll Ihre Figur trotz ihrer Schuld sympathisch wirken? Gibt es Perspektiven für die Opfer?

Negative Gefühle

Freude, Wut, Angst und Trauer, Liebesregungen und Schuldgefühle sind emotionale Reaktionen auf entsprechende Situationen, auch im Zusammenhang mit der eigenen Stimmung und Verfassung. Doch manche Gefühle können auch krank machen und zu schweren Depressionen führen, zu Zerstörungssucht und zwanghafter Gewaltbereitschaft, zu Angstzuständen, die man nicht mehr kontrollieren kann.

In der Trivialliteratur werden die Helden als Positivfiguren natürlich nicht seelisch erkranken, ihre Emotionen sind eindeutig und nachvollziehbar, sie sind allenfalls einmal unentschlossen. Negative Gefühle bleiben dem Bösewicht vorbehalten, möglichst so, dass der Leser kein Interesse daran hat, ihm in die Seele zu schauen, um ihn zu verstehen und womöglich Sypathie für ihn zu empfinden.

Anders sieht es bei anspruchsvoller Literatur aus, in der das von der Gesellschaft isolierte, entfremdete Individuum beschrieben wird. Hier können negative Gefühle ein Signal für Missstände sein, die in der Familie und Umgebung zu finden sind.

Ein Beispiel ist *Der Fänger im Roggen* von Jerome David Salinger. Protagonist des 1951 erschienenen Romans ist der 16-jährige Holden Caulfield. Holden, ein Jugendlicher aus wohlhabendem Elternhaus im Amerika zum Ende der 1940er-Jahre. Der Zweite Weltkrieg ist gewonnen, die Amerikaner sind selbstbewusst, der Wohlstand wächst. Aber die Erwachsenengeneration präsentiert sich eitel, voll materieller Interessen, von sich selbst überzeugt und erzieht ihre Jugend mit großen ehrgeizigen Ansprüchen und strenger Moral. Die Sexualnormen sind prüde, die Haltung gegenüber politisch Andersdenkenden rigide. *Der Fänger im Roggen* ist ein Buch der Rebellion der Jugend in dieser Zeit, vergleichbar mit dem Film *Denn sie wissen nicht, was sie tun* mit James Dean.

In Salingers Roman ist der Protagonist eine ambivalente Figur. Der Leser muss sich entscheiden, ob er sich mit dem Jungen identifiziert oder ob er ihn ablehnt.

Holdens Gefühle sind durch enttäuschte Ideale bestimmt: Die Lehrer nutzen hinterhältig ihre Macht aus, arme und reiche Kinder werden ungleich behandelt, die ganze Welt ist offenbar verlogen. Selbst zu lügen, um sich durchzuschlagen, scheint die einzige Möglichkeit. Darüber ist der Heranwachsende zutiefst enttäuscht, und ganze Generationen Jugendlicher haben sich mit ihm identifiziert.

Die Analyse von negativen Gefühlen ist ein wichtiges Erzählmittel für kritische Literatur. Allerdings müssen dann auch die Auslöser dargestellt werden, die im Umfeld des Protagonisten zu suchen sind. Solche Gefühle können sich, dem Charakter entsprechend, folgendermaßen äußern:

- allgemeine Ängstlichkeit
- wenig Selbstbewusstsein
- negative Lebenseinstellung
- übersteigerte Aggressivität
- Haltlosigkeit
- Unterwürfigkeit, Anpassertum
- Größenwahnsinn

Das geht oft einher mit folgenden Merkmalen:

- Die Kommunikation gelingt nicht.
- Beziehungsangebote werden nicht angenommen.
- Gesten und Äußerungen anderer werden falsch interpretiert.
- Auf harmlose Situationen wird mit übertriebener Ablehnung, Gewalt reagiert.
- Erlebnisse und Erfahrungen werden negativ interpretiert.

Anregung

Beschreiben Sie eine alltägliche Situation aus der Perspektive eines Menschen, der sich verfolgt fühlt. Wie wirken einzelne Personen (im Zug, in einer Wartehalle, im Bus) auf eine Person, die sich bedroht fühlt?

Einsamkeit

Wer sich einsam fühlt, empfindet Isolation, Verlorenheit, Unverstandensein. Einsamkeit ist nicht nur eine persönliche Erfahrung, sondern auch ein kulturphilosophisches Thema.

Einsamkeit kann gleichfalls die gesuchte Zurückge-zogenheit des Eremiten sein oder eine bewusste Zeit der Besinnung für enttäuschte und verletzte Seelen. Im Film wird die Einsamkeit des Einzelgängers immer wieder the-matisiert, ist jedoch selten ein Hauptmotiv, denn der Film ist durch die Vielfalt von Darstellern und Dialogen eher ein Medium der Kommunikation. In der Literatur ist die Abkehr vom Äußeren zum Inneren in vielen Werken thematisiert. Die Einsamkeit ist ein starkes Motiv in der ernsten Literatur der Moderne, hier steht der von seiner Umwelt entfremdete Mensch im Mittelpunkt.

Einsamkeit spiegelt Thomas Bernhards Roman *Frost* aus dem Jahr 1963:

»Eines Morgens, nachdem er wusste, dass er todkrank ist, sperrte er alles zu und sperrte zuletzt die Haushälte-rin hinaus. ›Sie hat geweint‹, sagte er. ›Jetzt gehe ich nicht mehr zurück. Es erschiene mir, wie ein Gerümpel auf-suchen. Ich kann ja nicht mehr zurück, selbst wenn ich zurück wollte: Mit mir ist es ja vorbei.‹ Er sagte: ›Tatsäch-lich habe ich niemand gehabt außer meiner Haushälterin. Außer in ihr bin ich in allen längst tot.‹«

Einsamkeit können Sie literarisch überzeugend darstellen durch

- eine starke Hinwendung des Protagonisten auf sein eigenes Ich,
- gescheiterte Versuche, missglückte Kontakte zu ande-ren Menschen,
- Beschreibung von leeren, tristen, abweisenden Räu-men,

- Selbstgesprächen des Protagonisten über den eigenen Tod,
- Beschreibung des Gefühls, überflüssig zu sein.

Ein Beispiel für selbstgewählte Einsamkeit ist Hermann Hesses Buch *Der Steppenwolf* (1927). Harry Haller, Anfang fünfzig, hinterlässt bei dem Neffen seiner Vermieterin ein Manuskript mit seinen Aufzeichnungen, was den jungen Ich-Erzähler, der sich intensiv mit dem ungewöhnlichen Mitbewohner auseinandergesetzt hat, zu folgenden Gedanken veranlasst: »In wie tiefe Vereinsamung er sich auf Grund seiner Anlage und seines Schicksals hineingelebt hatte und wie bewusst er diese Vereinsamung als sein Schicksal erkannte, dies erfuhr ich allerdings erst aus den von ihm hier zurückgelassenen Aufzeichnungen (…) Es bedarf weiter keiner Berichte und Schilderungen, um zu zeigen, dass der Steppenwolf das Leben eines Selbstmörders führte. Aber dennoch glaube ich nicht, dass er sich das Leben genommen hat (…) Er lebt noch, er geht irgendwo auf seinen müden Beinen die Treppen fremder Häuser auf und ab, starrt irgendwo auf blankgescheuerte Parkettböden und auf sauber gepflegte Araukarien, sitzt Tage in Bibliotheken und Nächte in Wirtshäusern oder liegt auf einem gemieteten Kanapee, hört hinter den Fenstern die Welt und die Menschen leben und weiß sich ausgeschlossen, tötet sich aber nicht, denn ein Rest von Glaube sagt ihm, dass er dies Leiden, dies böse Leiden in seinem Herzen zuende kosten und dass dies Leiden es sei, woran er sterben müsse.«

Hier sind die oben beschriebenen Momente der Einsamkeitserfahrungen fast überbetont – vom Ausdruck »Leben eines Selbstmörders« bis zu den bezeichnenden Wörtern wie »fremd« und »ausgeschlossen«. Das Bild vom »einsamen Wolf«, dem Menschen, der sich auf der Suche nach Sinn und Erfüllung verzehrt und beides nicht finden kann, ist ein literarisches Motiv, das ans Klischee grenzt.

Wenn Sie Einsamkeit in Ihrem Text thematisieren wollen, sollten Sie darauf achten, was diese Einsamkeit ausdrücken soll. Geht es hier um eine Konsequenz aus der Situation des modernen Menschen? Oder wird das Klischee eines »einsamen Wolfs« reproduziert?

Anregung:

Entwickeln Sie einen Steckbrief für einen einsamen Menschen. Warum ist er einsam? (Enttäuschungen, persönliche Defizite oder Konflikte, wohnt er allein oder weit ab von anderen Menschen, hat er familiäre, gesundheitliche, berufliche Probleme)

Skizzieren Sie die Einsamkeit dieses Menschen:

- in der distanzierten dritten Person (Er/Sie), was hat zur Isolation dieses Menschen geführt?
- in der Ich-Form, in der Sie sich vor allem auf die Gefühle, die innere Einstellung Ihres Charakters konzentrieren.

Vergleichen Sie beide Versionen und entscheiden Sie, welche Ihnen die besseren Möglichkeiten zur Weiterentwicklung Ihres Textes bietet.

6. Themen und Techniken

Was in der Realität nicht möglich ist, kann in der Literatur Wirklichkeit werden. Realistisch ist alles, was der Wirklichkeitserfahrung nachgezeichnet ist. Was nicht so war, aber vielleicht so sein könnte, nennt man fiktiv. Fiktives muss deshalb nicht fantastisch sein, denn fantastisch wird der Stoff erst, wenn eine Gegenwelt zur Wirklichkeit gestaltet wird.

Magie

Irreale, übersinnliche Fähigkeiten im literarischen Werk können dann als wirklich empfunden werden, wenn es dem Autor gelingt, sie überzeugend darzustellen: Verstorbene besuchen ihre Hinterbliebenen und sprechen mit ihnen. Jemand kann wahrsagen und die Prophezeiungen treten auch tatsächlich ein. Ein anderer hat heilende Hände. Es sind Dinge, die wir uns vorstellen können, obwohl wir wissen, sie können nicht wahr sein. Schriftsteller verwandeln solche erfundenen Realitäten in erzählte Wirklichkeit. Ein Beispiel dafür ist der magische Realismus, für den Isabel Allendes Roman *Das Geisterhaus* (1984) ein gutes Beispiel ist. In dieser Familiensaga, in realistischem Stil, beschreibt sie das Leben von drei Generationen in Chile. Die Heldin der ersten Generation,

Clara, verfügt über besondere hellseherische Fähigkeiten, die innerhalb des Romangeschehens als selbstverständlich möglich erscheinen. In der Literatur ist es möglich, Magie ins erzählte Leben zu integrieren. Wie beispielsweise in der folgenden Passage: »Geschützt vor den Unbilden des Lebens, bewohnte Clara ein von ihr selbst erfundenes Universum, wo die prosaische Wahrheit der materiellen Dinge vermischt war mit der aufregenden Wahrheit der Träume, in denen die Gesetze der Physik und der Logik außer Kraft gesetzt waren. Clara war in dieser Zeit ganz mit ihrer Fantasie beschäftigt, war begleitet von den Geistern der Luft, des Wassers und der Erde und so glücklich, dass sie neun Jahre lang kein Bedürfnis verspürte, zu sprechen. Längst hatten alle die Hoffnung aufgegeben, sie je wieder sprechen zu hören, als sie an ihrem neunzehnten Geburtstag, nachdem sie die Kerzen auf ihrer Schokoladentorte ausgeblasen hatte, eine Stimme aus dem Gewahrsam entließ, die nach so langer Zeit wie ein verstimmtes Instrument klang.

›Ich werde bald heiraten‹, sagte sie.

›Wen?‹, fragte Severo.

›Den Bräutigam von Rosa‹, antwortete sie.

Da erst merkte die Familie, dass sie zum ersten Mal wieder gesprochen hatte. Das Wunder erschütterte das Haus bis in die Grundfesten. Die ganze Familie weinte.«

Im wahren Leben würde ein Familienmitglied, das neun Jahre lang nicht gesprochen hat, vermutlich nicht eine so folgenreiche Mitteilung so selbstverständlich äußern wie hier in der Erzählwirklichkeit des Romans. Im wirklichen Leben wäre das alles wesentlich komplizierter. Durch magische Einflüsse können also drastische Veränderungen und Entwicklungen erfolgen, die in der Alltagswirklichkeit kaum möglich wären.

Wie funktioniert das? Die Realität im Roman ist fiktiv, selbst wenn er auf wirklichen Ereignissen beruht. So ist es auch mit den Gefühlen: Gefühle können empfunden worden sein, sie können während des Schreibens, und wenn es überzeugend erzählt wurde, auch während des Lesens – »als echt« empfunden werden, dennoch bleiben sie in den Text bewusst eingesetzte Konstruktionen. Gefühle können durch verschiedene Situationen, Personen oder Gegenstände ausgelöst werden. Der Sprung von der Realität von Dingen und Gestalten zu fantastischen Figuren ist nie sehr weit. Die emotionale Plausibilität kann auch von einem faktisch völlig unrealistischen Wesen verkörpert werden. Davon profitiert fantastische Literatur. Hier werden märchenhafte Gestalten und ganze Völker erfunden, die aus dem Wissen von Märchen und Mythen heraus gestaltet werden, es werden Territorialkämpfe ausgetragen, ja ganze Universen entworfen.

Wie ein Zaubermittel wirkt in der Reihe *Harry Potter*, die Joanne K. Rowling so berühmt gemacht hat, die gelungene Verknüpfung von Gefühl und Magie. Harry und seine Freunde haben übermenschliche Kräfte, sie sind jedoch begrenzt und machen sie nicht unangreifbar, sondern geben ihnen nur die Fähigkeit, in bestimmten Situationen wirkungsvoll zu handeln. Ihre Zauberkräfte sind eng verbunden mit ihren emotionalen Fähigkeiten wie der Beeinflussung anderer Menschen, dem Lesen von Gedanken, dem Ausströmen von positiven und negativen Energien.

Ein besonders treffendes Beispiel dafür gibt es im dritten Band *Harry Potter und der Gefangene von Aska-
ban* (1999): Ein magisches Unterrichtsfach heißt »Ver-
teidigung gegen die dunklen Künste«. Im Schrank sitzt
ein seltsames Wesen: Ein Irrwicht. Ein »Irrwicht ist ein
Gestaltwandler. (…) Er kann die Gestalt dessen annehmen, vor dem wir, wie er spürt, am meisten Angst haben.«
Aus der Tiefenpsychologie wissen wir, dass Angst Gestalt
annimmt in dem, was wir am meisten fürchten. Manche
Menschen unterscheiden zwischen Angst und Furcht:
Furcht besteht vor dem konkreten Angstauslöser, Angst
hingegen ist das Gefühl, das sich seine Manifestationen
sucht. Bei *Harry Potter* kann sich der Angstmacher als
magisches Wesen in das von jedem einzelnen Schüler am
meisten gefürchtete verwandeln. Er wird zu einem konkreten Wesen, das dieses eigentlich emotionale Phänomen als Fantasiegestalt verkörpert. Und so, wie Humor
schon manch unbegründete Angst vertreiben half, lautete
der Gegenzauber, der den Irrwicht vertreibt, hier: *Riddi-
kulus!* »Was einem Irrwicht wirklich den Garaus macht,
ist nämlich Gelächter.« Den Zauber zu beherrschen und
anzuwenden, erfordert jedoch emotionale Intelligenz. Die
Beherrschung des Zauberspruches genügt nicht, der junge
Zauberer muss zusätzlich seine Angst überwinden und
der Herausforderung entgegentreten. Die Fantastik hier
entspricht den Erkenntnissen realer Psychologie: Man
muss Ängste überwinden – und dazu muss er sogar gegen
sich selbst kämpfen. Dazu gehört auch, auszusprechen,
wovor man sich am meisten fürchtet, und, wenn man seiner personifizierten Angst begegnet, ihr einen positiven
Gedanken entgegenzuhalten. Genau das muss der Junge
Neville leisten, um den Irrwicht zu bezwingen. Die Fähig-

keiten, die Harry Potter seinen Freunden gegenüber zum
Teil überlegen macht, sind nicht seine höhere Intelligenz,
sondern die Intensität seiner Zauberkräfte. Er hat sozusa-
gen Fähigkeiten von »höherer emotionaler Dichte«. Alles,
was die Zauberschüler lernen, setzt positive emotionale
Fähigkeiten wie Selbstbeherrschung, Einfühlungsvermö-
gen, Fantasie und psychische Energie voraus.

Wenn Sie einen Text mit magischen Elementen schreiben
möchten, achten Sie darauf, dass der Text mehr Überzeu-
gungskraft erhält, wenn die magischen Gestalten oder
seltsamen Ereignisse mit Gefühlen einhergehen, die möglich erscheinen und nachvollziehbar sind.

Anregung

Erfinden Sie Gestalten, die Ihren eigenen emotionale
Erfahrungen entsprechen: einen Angstmacher, einen Pro-
vokateur, der Wut auslöst, oder ein Wesen, das Glück verbreitet. Erzählen Sie, wie diese Gestalten auf die Hauptfiguren Ihres Textes einwirken. In welchen Situationen
treten sie auf? Wie reagieren Ihre Figuren?

Gefühl und Reflexion

Für die Literatur der Postmoderne sind Emotionen nicht
gerade bestimmend. Wenn über Gefühle geschrieben wird,
dann mit kritischer Distanz. Es entstehen Texte von hoher
Dichte und ästhetischer Schönheit, deren Akzentsetzung
nicht auf der Präsentation von Gefühlen liegt. Aus emotionaler Sicht ließe sich sagen: die Literatur fühlt sich kühl an.

Ein Auszug aus dem Roman *Federgewicht* (1995) von Dagmar Leupold zeigt eine Mischung von Gefühl und Reflexion:

»Wäre jemand im Raum gewesen und hätte die leichten, hastigen und die tiefen, ruhigen Atemzüge von Mutter und Kind gehört, er wäre um ein dem Kitsch zum Verwechseln ähnliches – sicherlich ebenso schlecht dosierbares – Gefühl der Rührung nicht herumgekommen. Die Atemzüge übersprangen gewissermaßen ihre eigentliche Funktion und nahmen sofort eine symbolische Bedeutung an, und in dieser wohlig-warmen Verkürzung fühlten sich Operettentränen genauso zu Hause wie echter Schmerz.«

Dagmar Leupold äußert sich in einem Interview mit Nikola Rossbach, das in dem Buch *Trivialität und Postmoderne* von Ilse Nagelschmidt (2002) abgedruckt ist, zum Problem der Emotionalität im zeitgenössischen Text. Sie möchte nicht, dass entweder »psychologischer Realismus« oder »konkrete Poesie«, entweder »Verzicht auf Handlung und Figurenpsychologie« oder »scheinbar naives Erzählen« gegeneinander ausgespielt werden, sondern sie will von beidem etwas: »In Deutschland wirft man der Oase vor, sie sei nicht hinreichend Einöde, und der Einöde, es mangle ihr am Oasigen.«

Lügen und betrügen

Die Kluft zwischen zur Schau gestellten und tatsächlich empfundenen Gefühlen bei den handelnden Charakteren erzeugt Spannung, zum Beispiel wenn der Leser spürt, dass die Figur etwas ganz anderes beabsichtigt, als sie vorgibt: Ein Mann betrügt seine Frau, aber zum Hochzeitstag bringt er Blumen mit. Ein Vorgesetzter lädt den Mitarbeiter, den er lange übersehen hat, zu einem Empfang ein, aber am nächsten Tag kündigt er ihm doch. Vorgetäuschte Gefühle wecken beim Leser Trotz und Rebellion gegen die Verlogenheit. Sie produzieren Spannung dadurch, dass man nicht weiß, ob die Person mit ihren Strategien ans Ziel kommt.

In dem Drama *Wer hat Angst vor Virginia Woolf* von Edward Albee (1962) empfängt ein Ehepaar nach einer Party ein anderes als Gast in seiner Wohnung, und die vier Personen haben nichts anderes zu tun, als sich gegenseitig verbal zu zerfleischen. Hier sind die wahren Gefühle Aggression und Überdruss. Diese werden vertuscht und gerade dadurch erst recht zum Ausdruck gebracht – so, als würde ein spitzes Messer in Watte verpackt. In den Regieanweisungen wird die Falschheit der Gefühle deutlich: »George *spielt angenehme Überraschung beim Anblick von Putzi und Nick, in Wirklichkeit freut er sich aber darüber, dass die beiden Marthas letzten Satz gehört haben:* Aaahhhh!« (1. Akt).

Der Leser oder Zuschauer durchschaut die Verlogenheit und steht gewissermaßen darüber, während die Figuren der Situation ausgeliefert sind. Als Autor wissen Sie, welche Ziele die Figur erreichen will und mit welchen Gefühlen sie ihr Opfer manipuliert, um zum Erfolg zu gelangen.

Anregung:

Stellen Sie sich eigennützige Absichten vor:

- Eine Person möchte sich an einer anderen rächen.
- Jemand möchte an das Vermögen eines anderen gelangen.
- Man will jemand anderem den Partner ausspannen.
- Jemand mimt im Beruf den guten Kumpel, um selbst an die Lorbeeren zu gelangen.

Überlegen Sie sich eine Situation, in der jemand versucht, seine Absicht zu realisieren. Welche Gefühle spielt er seinem Opfer vor, um sein Ziel zu erreichen?

Gefühlskälte

Bewusste Gefühlskälte und Zynismus können Reaktionen auf zu viel Gefühl sein. Als Zyniker bezeichnet man eine Person, die keine ethischen Werte vertritt und sich verächtlich über die Naivität anderer äußert, die noch an solche Werte glauben.

Schwarzer Humor und Ironie sind dem Zynismus nicht fremd, jedoch beinhaltet Ironie immer etwas Verständnisvolles und Spielerisches, das dem Zynismus fehlt. Er ist im Gegensatz zur Ironie zerstörerisch.

Zynismus im literarischen Werk kann erfrischend wirken. Eine Erzählung in *Der Fliegenmensch und andere Storys* von T.C. Boyle handelt von einem Mann, dessen Lebensziel darin besteht, berühmt zu werden. Er steigert sich dabei ins Unermessliche und führt eine Katastrophe herbei. In einer anderen Geschichte geht es um eine

Umweltkatastrophe in Borneo, die durch Entwicklungs-
hilfe verursacht wurde.

Anregung

Sie können als Erzähler unter zynischem Blickwinkel an
Ihren Stoff herangehen. Sie haben die Möglichkeit, über
einen Zyniker zu schreiben und ihn agieren zu lassen.

1. Stellen Sie sich einen absolut kalten, unbarmherzigen
   und gefühllosen Menschen vor. Was tut er?
2. Stellen Sie sich eine gefühlsbeladene Situation vor,
   z.B. eine Hochzeit, einen Geburtstag oder ein Weih-
   nachtsfest. Schreiben Sie eine garstige Geschichte!

Komische Gefühle

Komische Gefühle beinhalten etwas Heiteres, einen ver-
gnügten Kitzel. Sie haben eine Ventilfunktion. Sigmund
Freud sagte über den Witz, dass er durch die Beseitigung
von Hemmungen Lust freimachen kann. Das Erzählte hat
oftmals einen ernsten Hintergrund, es gibt Probleme, die
man nicht so einfach lösen kann, aber beim Humor wird
etwas Skurriles beigesteuert, sodass alles in einem harm-
loseren Licht erscheint. Der Witz hilft, Tabus zu brechen,
ohne dass darauf ein Schamgefühl folgt. Man lacht, weil
unerwartete Aussagen zusammentreffen und auf einen tie-
feren Sinn verweisen, den man durch diese Aussagen an
die Oberfläche hervorholt und plötzlich der distanzierten
Beobachtung preisgibt.

In der Satire werden kritikwürdige politische Verhältnisse
überspitzt. Man lacht beim Lesen oder Hören der Satire,
weil man sich freut und merkt, dass man mit jemand anderem (dem Autor und dem Publikum oder der angenommen Mitleserschaft) seine Kritik teilen kann. Satire appelliert an unser Leben in Gesellschaft und Gemeinschaft.
Sie spricht uns an als Teil eines sozialen Miteinanders und
weckt unsere Verantwortung. Wir lachen, weil wir es besser wissen als die Autoritäten, denen wir ausgeliefert sind.
Dazu ist es notwendig, Tabus zu brechen, und genau das
tut die Satire, indem sie sich über Konventionen hinweg-
setzt und sie bloßstellt.

Ironie offenbart immer, dass man ein wenig »über den
Dingen« steht. Ironie gilt als Zeichen von Intelligenz.
Auch kann gerade in der Heiterkeit viel Anrührendes lie-
gen, wie in tragikomischen Geschichten. Das zeigt die
Groteske. Jenny Wozilka bemerkt treffend:»Während die
Komik vom Gegenstand abstrahiert und er im Lachen auf
maximale Distanz gebracht wird, fordert das Groteske zur
Anteilnahme heraus, weil es betroffen macht.(…) « Die
Groteske arbeitet mit Übertreibungen und Verzerrungen,
die Gefühle zwar nachvollziehbar lässt, ihnen aber auch
einen Zug des Lächerlichen geben, weil sie unverhältnis-
mäßig erscheinen.

Für die Groteske sind die Geschichten von Franz Hoh-
ler ein Beispiel. Der Schweizer Schriftsteller wählt häufig Handlungsträger, die eigentlich nicht handeln können:
»Ein Misthaufen und ein Eichhörnchen schlossen einmal Freundschaft …« oder »… Eine Badewanne und eine
Hausapotheke hatten ihren freien Tag …« Wenn diese

Gegenstände dann in eine problematische Lage kommen, so haftet der Situation etwas Komisches an: Der Misthaufen möchte das Eichhörnchen besuchen, wird aber auf der Straße überfahren und der Bauer muss ihn wieder zusammentragen. Daraufhin besucht er das Eichhörnchen nicht mehr, aber Freunde bleiben sie trotzdem. Die Gegenstände werden Gefahren ausgesetzt, die sie eigentlich nicht bewältigen können (tun es aber doch), und haben Gefühle, die ihnen eigentlich nicht zustehen.

Anregung

Suchen Sie einen ernsten Text heraus, den Sie in der letzten Zeit geschrieben haben. Worum ging es da? Formulieren Sie Ihren Text noch einmal neu, aber nun mit ironischer Distanz! Ihr Ziel ist ein heiterer Text, bei dem Sie selbst lachen müssen, wenn Sie ihn lesen.

Identifikation
und Emotion

Statt eines Nachworts, hier ein Zitat aus dem Klassiker *Literarisches Schreiben* von Lajos Egri zum Thema Figurenbildung:

»Im Gespräch mit Autoren wird hin und wieder beiläufig das Phänomen der Identifikation erwähnt, aber keiner kann so richtig erklären, was er genau damit meint und wie es zustande kommt. Das ist wirklich schade, denn wer nicht weiß, wie man die Voraussetzungen für Leseridentifikation schafft, schreibt in einem Vakuum – und fragt sich, warum er niemanden erreicht. Das Handwerk des Schreibens allein genügt nicht, der Autor muss vor allem die Figurenbildung für seine Geschichten beherrschen.

Identifikation lautet das Stichwort. Darum muss der Schriftsteller zunächst dafür sorgen, dass der Leser oder Zuschauer in der Figur jemanden aus seinem eigenen Umfeld wiedererkennt. Bringt der Autor den Leser obendrein dazu, sich vorzustellen, alles was da passiert, könne auch ihm passieren, lädt sich die Handlung plötzlich mit Emotion auf, und der Leser wird vom bloßen Betrachter zum Beteiligten an einem aufregenden Drama.«

Quellenangaben

Verwendete und weiterführende Literatur

Philippe Ariès: Studien zur Geschichte des Todes im Abendland. München-Wien, 1976.

Angelina Bauer: Liebesromane schreiben. Berlin: Autorenhaus, 2004.

Elisabeth Benedict: Erotik schreiben. Mit anregenden Beispielen aus der modernen Literatur. Aus dem Amerikanischen von Kerstin Winter. Berlin: Autorenhaus, 2002.

Claudia Benthien, Anne Fleig, Ingrid Kasten (Hg.): Emotionalität. Zur Geschichte der Gefühle. Köln, Wien: Böhlau, 2000.

Werner Brettschneider: Zorn und Trauer. Aspekte deutscher Gegenwartsliteratur. 2. Aufl. Berlin: Erich Schmidt Verlag, 1981.

Luc Ciompi: Affektlogik. Über die Struktur der Psyche und ihre Entwicklung. Ein Beitrag zur Schizophrenieforschung. Stuttgart: Klett, 1982.

Hilde Domin, Clemens Greve (Hg.): Nachkrieg und Frieden. Gedichte als Index 1945-1995. Frankfurt am Main: S. Fischer, 1995.

Ricarda Dreier: Literatur der 90er-Jahre in der Sekundarstufe II. Judith Hermann, Benjamin von Stuckrad-Barre und Peter Stamm. Baltmannsweiler: Schneider-Verlag Hohengehren, 2005.

Lajos Egri: Dramatisches Schreiben. Theater, Film, Roman. Berlin: Autorenhaus, 2003.

Lajos Egri: Literarisches Schreiben, Berlin: Autorenhaus, 2002.

Paul Ekman: Gefühle lesen. Wie Sie Emotionen erkennen und richtig interpretieren. München: Herder Spektrum, 2004.

Isabelle Filliozat: Sei, wie du fühlst. Mit Emotionen besser leben. Ein Praxisbuch. München: Deutscher Taschenbuch Verlag, 2004.

Hans-Dieter Gelfert: Was ist Kitsch? Göttingen: Vandenhoek & Rupprecht, 2000.

Johann Wolfgang Goethe: Farbenlehre. Mit Einleitungen und Kommentaren von Rudolf Steiner. Band 1. Stuttgart: Verlag freies Geistesleben, 1979. (Erstdruck der Farbenlehre 1810)

Daniel Goleman: Emotionale Intelligenz. München: Hanser, 1996.

Silvia Jilg, Christoph Piesbergen, Wolfgang Tunner: Graphischer Ausdruck und Erkennen von Gefühlsqualitäten. (Graphic expression and identification of emotion) Forschungsbericht © 1999. In: Gestalt Theory. An International Multidisciplinary Journal 17 (4), S. 293-300, zit. nach www.paed.uni-muenchen.de/~chris/krizufa.htm).

Christopher Keane: Schritt für Schritt zum erfolgreichen Drehbuch. Berlin: Autorenhaus, 2002.

Rainer Maria Kiesow, Martin Korte (Hg.): Emotionales Gesetzbuch. Dekalog der Gefühle. Köln, Weimar, Wien: Böhlau, 2005.

Bernhard Kytzler (Hg.): Römische Lyrik. Lateinisch/Deutsch. Stuttgart: Reclam, 1994.

François Lelord, Christophe André: Die Macht der Emotionen und wie sie unseren Alltag bestimmen. Aus dem Französischen von Ralf Pannowitsch. Zürich, München: Piper, 2005.

Niklas Luhmann: Liebe als Passion. Zur Codierung von Intimität. Frankfurt am Main: Suhrkamp, 1982.

Winfried Menninghaus: Ekel. Theorie und Geschichte einer starken Empfindung. Frankfurt am Main: Suhrkamp, 1999.

Wolfgang Marx: Semantische Dimensionen des Wortfeldes der Gefühlsbegriffe. In: Zeitschrift für experimentelle Psychologie Band XLIV, Heft 3, 1997, S. 478-494.

Ilse Nagelschmidt, Alexandra Hanke, Lea Müller-Dannhausen, Melani Schröter (Hg.): Zwischen Trivialität und Postmoderne. Literatur von Frauen in den 90er-Jahren. Frankfurt am Main: Peter Lang, 2002.

Gabriele Rico: Von der Seele schreiben. Paderborn: Junfermann, 1999.

Heinz-Günter Vester: Emotion, Gesellschaft und Kultur. Grundzüge einer soziologischen Theorie der Emotionen. Opladen: Westdeutscher Verlag, 1991.

Günter Waldmann: Autobiografisches als literarisches Schreiben. Baltmannsweiler: Schneider-Verlag Hohengehren, 1995.

Thomas Wieke: Gedichte schreiben. Gebundene und freie Lyrik schreiben lernen und veröffentlichen. Zweite, überarbeitete und erweiterte Auflage, Berlin: Autorenhaus, 2004.

Simone Winko: Kodierte Gefühle. Zu einer Poetik der Emotionen in lyrischen und poetologischen Texten um 1900. Berlin: Erich Schmidt Verlag, 2003.

Richard Wollheim: Emotionen. Eine Philosophie der Gefühle. München: Beck, 2001.

Jenny Wozilka: Komik und Gefühl in der Kinderkultur. Baltmannsweiler: Schneider-Verlag Hohengehren, 2005.

Glossar

Affekt: spontane Gefühlsreaktion. Hier auch verstanden als Gefühlsregung im Gegensatz zur Verstandesleistung (Kognition)

Ästhetik: Lehre von der Schönheit; Empfindungsvermögen für Formen und Gestalten

Clustering: (Cluster: engl. »Haufen«). Ansammlung von Einzelteilen zu einem Gesamtgebilde. Hier: Technik aus der Schule des Kreativen Schreibens zum Sammeln von Einfällen

Code: System aus sprachlichen Regeln und Zeichen

Codierung: Prägung des sprachlichen Zeichensystems

Decodierung: Entschlüsselung des sprachlichen Zeichensystems

Diskurs: Redeweise, die nach bestimmter Weise geregelt ist und nach einer impliziten oder auch willkürlich festgelegten Ordnung verläuft (zum Beispiel politische Debatte)

Dramaturgie: (hier) Gesamtplanung und -organisation eines Textes

emotional: die Gefühle betreffend; mit Gefühlen verbunden

emotionale Intelligenz: (hier) Schwingungsfähigkeit, Empathie, Fähigkeit, Gefühle zu erkennen und zu unterscheiden, Fähigkeit, Gefühle zu steuern

emotionaler Diskurs: (hier) thematisiert Gefühls- und Beziehungsaspekte

emotionales Klischee: abgegriffene Ausdrucksform für eine bestimmte emotionale Erfahrung

Empathie: Bereitschaft und Fähigkeit, sich in andere Menschen einzufühlen

Expression: Ausdruck von inneren Vorgängen (hier im Gegensatz zu Beobachtungen von äußeren Vorgängen gebraucht)

Fiktion: eine erfundene, aber nachvollziehbare Wirklichkeit

fiktional: mit fiktiver Handlung (meist auf Texte bezogen im Gegensatz zum Sachtext oder Tatsachenbericht)

fiktiv: eine nicht auf Tatsachen beruhende Handlung

intersubjektiv: Zwischen verschiedenen Individuen gibt es Übereinstimmung über eine Wahrnehmung

Kategorie: Begriffsgruppe; Klasse, in die etwas eingeordnet werden kann

Klischee: abgedroschenes Bild, abgegriffener Ausdruck

Kognition: ein Denkvorgang, eine Verstandesleistung

Phänomen: mit den Sinnen wahrgenommene Erscheinung

Postmoderne: eine der Moderne folgende Epoche, für die Pluralität in Kunst und Kultur, in Wirtschaft und Wissenschaft kennzeichnend ist

rationale Intelligenz: (hier) Klugheit, gedankliche Präzision, Logik, Kombinationsvermögen

rationaler Diskurs: (hier) thematisiert den Sachbezug und folgt einer sachlogischen Systematik, klammert Gefühlsfärbungen aus

Repräsentation: Vertretung einer Gesamtheit durch einzelne Personen; hier: Vertretung abstrakter Sachverhalte durch bestimmte sprachliche Mittel und Gedankenfiguren

Sensorik: (hier) Wahrnehmungsvermögen aufgrund der Sinnesorgane

Struktur: Anordnung von Teilen, aus der sich eine Gestalt ergibt; ein Gefüge

Spannungsbogen: Verlaufskurve eines Textes zwischen mehreren Höhe- und Ruhepunkten

Subjekt: erkennendes, mit Bewusstsein ausgestattetes, handelndes Ich

Theorie: System wissenschaftlich begründeter Aussagen zur Erklärung bestimmter Tatsachen und ihrer Gesetzmäßigkeiten

Transformation: Übertragung in einen anderen Zustand, Umformung, Umwandlung

Tagebuch & Erinnerungen schreiben
Freedom Writers – Wie eine junge Lehrerin und 150 gefährdete
Jugendliche sich und ihre Umwelt durch Schreiben verändert haben
Von den Freedom Writers mit Erin Gruwell
Anleitung zur Autobiografie in 300 Fragen *Von Gerhild Tieger*
Erinnerungen und Autobiografie schreiben *Von Judith Barrington*
Tagebuch schreiben *Von Tristine Rainer*

Erica Jong über das Schreiben
Den Dämon verführen – Schreiben, um zu leben *Von Erica Jong*
Laufend neue Online-Schreibtipps aus Erica Jongs Werkstatt auf
www.autorenhaus-verlag.de

Lyrik & Songtexte schreiben
Gedichte schreiben *Von Thomas Wieke*
Songtexte schreiben *Von Masen Abou-Dakn*

Kreatives Schreiben
Zen in der Kunst des Schreibens *Von Ray Bradbury*
Schriftsteller werden *Von Dorothea Brande*
Creative Writing: Romane und Kurzgeschichten schreiben
Von A. Steele u. Raymond Carver
Die Mitternachtskrankheit *Von Alice W Flaherty*
Raum zum Schreiben *Von Bonni Goldberg*
Wild Mind – Freies Schreiben *Von Natalie Goldberg*
Schreiben in Cafés *Von Nathalie Goldberg*
Schule des Erzählens *Von Sibylle Knauss*
Emotionen – Gefühle literarisch wirkungsvoll einsetzen *Von Susanne Konrad*
Was sagt der Tiger? Kinder und Jugendliche lernen
Kreatives Schreiben *Von Astrid Krömer*
Kleiner Autoren-Workshop *Von Ursula LeGuin*
Bird by Bird – Wort für Wort *Von Anne Lamott*
Beim Schreiben allein *Von Joyce Carol Oates*

Kinder- und Jugendbuch schreiben
Kinder- und Jugendbuch schreiben & veröffentlichen *Von Heidemarie Brosche*

Liebesromane & Erotik schreiben
Liebesromane schreiben *Von Angeline Bauer*
Erotik schreiben *Von Elizabeth Benedict*

Krimi & Thriller schreiben
Crime – Kriminalromane und Thriller schreiben *Von Larry Beinhart*
Literarisches Schreiben *Von Lajos Egri*
Der Mord als eine schöne Kunst betrachtet *Von Thomas de Quincey*

Autorenhaus-Verlagsprogramm

Journalismus, Nonfiction schreiben, Akademisches Schreiben
Associated Press-Handbuch Journalistisches Schreiben
Von Rene J.Cappon
Ghostwriter – Für andere schreiben *Von Andrew Crofts*
Kreatives Schreiben für Studenten & Professoren *Von Frank Cioffi*
Hier steht was alle suchen – Eats, Shoots and Leaves
Von Lynne Truss
Nonfiction schreiben *Von William Zinsser*

Schreiben & Veröffentlichen
Literaturagentur. Autor – Agent – Verlag *Von Joachim Jessen u.a.*
little mags – Literaturzeitschriften *Von Hadayatullah Hübsch*
Deutsches Jahrbuch für Autoren, Autorinnen 2007/2008
Von M. Plinke, G. Tieger
Schriftsteller – Vom Schreiben leben *Von Manfred Plinke*
Mini-Verlag. Selbstverlag, Verlagsgründung *Von Manfred Plinke*
Handbuch für Erst-Autoren *Von Manfred Plinke*
So verkaufen Sie Ihr Buch! *Von Britta Schwarz*
»Ich bin ganz, ganz tot, in vier Wochen« *Von Birgit Vanderbeke*

Theater & Stücke schreiben
Die Technik des Dramas *Von Gustav Freytag*
Vorsprechen *Von Paula B. Mader*
Kleines Schauspieler-Handbuch *Von Uta Hagen*
Briefe an einen jungen Künstler *Von Anna Deavere Smith*
Dramatisches Schreiben *Von Lajos Egri*

Film & Drehbuch schreiben
Wie man einen Film macht *Von Claude Chabrol*
Filme machen *Von Sidney Lumet*
Komm zum Film *Von Veronika Strubel*
Schriftstellerfilme *Von Kirsten Netzow*
Die Technik des Dramas *Von Gustav Freytag*
Dramatisches Schreiben *Von Lajos Egri*
Lass laufen! Mit Poltis 36 dramatischen Situationen *Von G. Tieger*
Schule des Erzählens *Von Sibylle Knauss*
Schritt für Schritt zum erfolgreichen Drehbuch *Von Chris. Keane*
Das Drehbuch *Von Syd Field*
Professionelle Drehbücher schreiben *Von Tom Lazarus*
Schreiben fürs Fernsehen *Von Vivien Bronner*
Script-Markt. Handbuch Film & TV

Cartoonbücher
Struwwelhitler. Der Anti-Nazi-Klassiker von 1941 *Von Robert u. Philip Spence*
Warum liegt mein Buch nicht neben der Kasse? *Von Peter van Straaten*

Bitte besuchen sie auch www.autorenhaus-verlag.de